聖嚴法師

菩薩行願

觀音、地藏、普賢菩薩法門講記

編者序

本書內容包括原「隨身經典」系列於一九九九至二〇〇二年間發行的《觀世音菩薩普門品》、《地藏菩薩的大願法門》，與《普賢菩薩行願讚》三部聖嚴法師講記，並新增了原在一九九二年以英文刊登於《禪》雜誌（*Chan Magazine*）、首次以中文出版的〈普賢菩薩十大願〉一文，因此更完整地呈現出「菩薩行願」這一主題。

上求無上佛道，下度無邊眾生，是一切諸佛菩薩共同的慈悲大願。雖然菩薩的願望各不相同、各有殊勝之處，但無不是以利益一切眾生為依歸。

觀世音菩薩因曾發願，如果將來自己能利益、安樂眾生，便立刻長出千手千眼，因而成就了廣度眾生的無量方便，以及「千處祈求千處應」的普門示現，成為廣大佛子千百年來的心靈依怙。地藏菩薩的無盡誓願，是在五濁惡世與無佛世界度眾生，而且眾生度盡後才願成佛。普賢菩薩的十大願，則是菩薩諸願中最尊貴的，因而有「普賢願王」之稱。

菩薩修學萬善萬行、難行能行的慈悲「大行」，發起無私無盡、成就眾生的深重「大願」。聖嚴法師在本書中，為三位菩薩的大行與大願，提供了清楚、扼要的概觀。法師講經一向顧及現代人的需求，總是以一般大眾最容易接受的方式，使讀者獲得最大的利益，本書也不例外。

〈普門品〉的講解，不採傳統科判方式，改以「本論」、「重頌」，以及「結論」三個綱目，做為解說主軸。地藏菩薩大願法門部分，是從三部經典節錄與主題相關的經文來講解，反映出法師常以現代人較習慣的主題單元來講經的特色。普賢行願，則包括〈普賢行願讚〉與〈普賢十大願〉一文的補充，兩篇內容除了一般人較熟悉的〈普賢行願品〉十大願之外，還有普賢菩薩「十種威力」與「圓滿七海」，資訊完整而豐富。

俗話說：「有願必成。」許願，是敦促我們前進的動力。聖嚴法師在《祈願．發願．還願》一書中曾表示，每個人的一生都應該為自己、為眾生、為未來，發清淨而遠大的願，乃至擔負「如來家業」的菩薩行願。我們若是能效法菩薩精神發願、行願、乃至滿願，便是許給自己與這個世界一個美好的未來了。

法鼓文化編輯部

目錄

貳、地藏菩薩的大願法門

參、〈普賢菩薩行願讚〉講記

肆、普賢菩薩十大願

附錄

壹、〈觀世音菩薩普門品〉講記

緒論

〈觀世音菩薩普門品〉是《法華經》第二十五品，因為受到普遍的重視、流通和讀誦，所以又以《觀音菩薩經》為名單行成冊。

這部經從高深的層面來看，極富有哲理，從其簡易面看，又是非常易懂、人人都可接受的經典。

一、《法華經》與〈普門品〉

《法華經》全稱為《妙法蓮華經》，「妙法」意指是一切佛法之中最好的佛法；而將微妙的法句、法義貫串起來，便稱為經。

佛法就像非常微妙的蓮花，蓮花出汙泥而不染，蓮藕營養美味，蓮葉及花朵清潔芳香，花謝了之後會生蓮子，蓮子又可長成蓮花，所以佛教常用蓮花代表佛法的慈悲與智慧。

佛法的智慧能除煩惱，又使我們產生清淨的慈悲；以智慧來除煩惱，以慈悲來度眾生。

至於〈普門品〉的盛行，最早是由於五胡亂華時代的北涼國主沮渠蒙遜害了一場大病，正在群醫束手，百藥罔效之際，有一位來自印度的譯經法師曇無讖，勸他至誠讀誦〈普門品〉即可消障除病，能使身體恢復健康。

沮渠蒙遜就遵照曇無讖法師的指示去做，真的使他那場怪病不藥而癒。因此，不但國主教令國人讀誦〈普門品〉，很多人也自動地讀誦〈普門品〉了。

所以，《法華經》是經中之王，〈普門品〉又成為《法華經》中與我國最有緣的一品。

二、觀世音菩薩的因行與果德

觀世音菩薩的修行法門在顯教和密教中都很受重視，顯教常用的兩部經典中均有特別介紹觀世音菩薩，一部是《楞嚴經》，另一部就是《法華經》。

在《楞嚴經》中，觀世音菩薩介紹自己修行的方法，所以稱為因行，也就是在因中修行的法門。

《楞嚴經》卷六記載，在楞嚴會上，有二十五位大菩薩分別敘說自己所證得的圓通法門，最後由文殊菩薩評定，以觀世音菩薩的耳根圓通最為殊勝。

觀世音菩薩的耳根圓通修行方法，是耳根不向外聞，而是向內自聞耳根中能聞的聞性，由此做到「動靜二相，了然不生」；這也就是觀察分析世間音聲之虛妄不實，而能不受所動，入於如如不動的大解脫境。不像一般人的耳根是向外分別聲音，以致於受外境例如讚歎或誹謗所動，生起貪、瞋、愛、惡的煩惱，促成殺、盜、淫、妄的惡業，再受輪轉生死的苦報。

至於《法華經》則說的是觀世音菩薩的果德，也就是觀世音菩薩證得耳根圓通之後，來廣度眾生，用心耳來聽得、知道一切眾生的聲音，然後處處度眾生，時時度眾生。而〈普門品〉就是說明、介紹觀世音菩薩為什麼叫作觀世音菩薩，以及他如何廣度眾生。

三、《法華經》的翻譯者

譯者是姚秦時代的三藏法師鳩摩羅什，姚秦是中國南北朝時代的胡人之國。鳩摩羅什出生於西域的龜茲國，被秦王苻堅派將軍呂光，在三八四年自西域以武力請回，住在位於今日甘肅省的武威，也就是當時的涼州，而於四〇一年到長安，四〇六年譯出此經。

中國的佛經自梵文譯成漢文，歷經一千多年的歷史，其中最有名的幾位大翻譯師中，第一位就是鳩摩羅什三藏法師，第二位就是玄奘三藏法師。一般都稱鳩摩羅什法師翻譯的叫作「舊譯」或「古譯」，唐太宗時玄奘法師翻譯的叫作「新譯」。「觀世音菩薩」的名字也有新譯與舊譯之別，最早譯為「光世音」，鳩摩羅什法師譯為「觀世音」，玄奘三藏的《心經》譯為「觀自在」。

四、觀世音菩薩的性別

很多人想知道觀世音菩薩究竟是男是女？是印度人還是中國人？中國人說他是

中國人，印度人說他是印度人；也有西方人告訴我，聖母瑪利亞大概就是觀世音。

曾經有人問我：「觀世音菩薩究竟是男是女？」

我說：「你認為他是女的，他就是女的；你認為他是男的，他就是男的。」究竟是男是女？我有一本小冊子，名字就叫作《觀世音菩薩》，內容將觀世音菩薩介紹得很清楚，各位如果有興趣可以看看。

在〈普門品〉中，觀世音菩薩有三十三種不同的化身，《楞嚴經》中則舉出了三十二種不同的化身，其中有男也有女，也有既非男也非女。佛是中性的，大菩薩也是中性的，中文沒有表達中性的語彙，但梵文中有男性、女性、中性之分，在表達佛與菩薩時都是用中性。

二十多年前我在日本，看到許多唐朝時代的觀音像，不管是畫的還是雕的，都有鬍子；而在敦煌石窟壁畫中的觀世音菩薩像也有不少有鬍子的，因此在唐朝翻譯的八十卷《華嚴經》第六十八卷，介紹觀世音菩薩時稱為「勇猛丈夫觀自在」，可見在隋唐以前的觀世音是丈夫相，而非女人相。

將觀音做成女相，是由於觀世音菩薩經常示現婦女身度人的緣故。例如在《觀音菩薩感應傳》中，就記載了一則魚籃觀音的故事，內容是說在唐玄宗時陝西一帶，當地很少人信仰三寶，有一天突然出現了一位非常美麗的少女，手上提著魚籃在賣魚。很多人都來向她買魚，其中不乏想娶她為妻的人。這個女孩就說：「你們人數這麼多，我只能嫁一個人。如果有誰能背誦佛經，我就嫁給他。」於是就要他們背〈普門品〉。

結果第二天就有二十個人能背，她說：「你們人數還是太多了，如果有誰能在一天之內背會《金剛經》，我就嫁給他。」結果還是有十個人會背。於是她又說：「我不能嫁給十個人。有誰能在一夜之間背會《法華經》，我就嫁給他。」結果竟然有一位姓馬的青年背得出來，他很高興能娶到這麼一位漂亮的女子。

沒想到新婚之夜，這個女孩子卻害急症突然死了，並且立即腐爛，只好馬上入殮，馬姓青年很傷心。第二天來了一位老和尚，要他把棺材打開看看，結果裡面什麼都沒有。老和尚就告訴他說：「她不是賣魚的女孩，而是觀世音菩薩的示現。」因此，這位姓馬的年輕人就發願出家，弘揚佛法。

因為這個故事，「魚籃觀音」的形相就漸漸在中國民間流傳開來，以致現在到處看得到示現女人相的觀世音菩薩。

觀世音菩薩為何常現婦女相？因為：1.女人的苦難，自古以來，一直比男人多。2.女人的特性，是慈和的，是柔忍的，例如偉大的母愛，在父性之中是不多見的。所以觀世音菩薩的應現婦女身，乃是藉女性受苦之多以表現菩薩的忍辱，藉女性的母愛以表菩薩的慈悲。

尤其是以女人之身更能深入婦女群眾，廣度多苦多難的婦女。同時，《維摩經》中有言：「先以欲鈎牽，後令入佛道。」婦女之身除了可度女人及兒童；示現美豔的婦女之身，尚可廣度男人，如同前面所說的魚籃觀音便是一例；當然，如果示現老婦人，則又可接近不同的群眾。

五、觀世音菩薩住在何處？

觀世音菩薩究竟住在哪裡？佛經中有很多介紹。依據《悲華經》的記載，過去有位轉輪聖王生了一千個兒子，第一個太子叫不眴，出家之後號觀世音，第二個兒子叫作大勢至，而轉輪聖王就是後來極樂世界的無量壽佛，也就是阿彌陀佛。因此，阿彌陀佛成佛後，有兩位大菩薩做為脇侍，常住在極樂世界，一位就是觀世音，一位就是大勢至。西方三聖就是根據《悲華經》而來的。同時在《大阿彌陀經》、《無量壽經》和《觀世音菩薩授記經》中都說，觀世音菩薩是阿彌陀佛極樂世界的一生補處菩薩，在阿彌陀佛涅槃後，觀世音菩薩就會成佛。

另外一部《觀無量壽經》也是淨土宗的經典，其中說娑婆世界的眾生，希望生到阿彌陀佛的極樂世界，臨命終時阿彌陀佛會帶領觀世音菩薩、大勢至菩薩，以及許多聖人手持蓮台來接引臨終之人往生；由此可知，觀音菩薩的根本道場，是在西方極樂世界。

觀世音菩薩不僅在人活著的時候救苦救難，在人往生時也接引人到西方極樂世界。所以如果平常只念觀世音菩薩，沒念阿彌陀佛，也可以往生阿彌陀佛的極樂世界，因為觀世音菩薩本身就是在阿彌陀佛的極樂世界；也就是說，活著的時候念觀世音菩薩有益，要往生時念觀世音菩薩也一定能夠往生彌陀淨土。

又因為觀世音菩薩無處不在，而且尋聲救苦，有多少人求，就能給多少人救濟，所以人稱「救苦救難」、「大慈大悲」、「千手千眼」觀世音菩薩。

千手千眼的觀世音菩薩形相，是從《千手千眼大悲心陀羅尼經》而來的。這部經中說，觀世音菩薩在過去千光王靜住如來佛的時候，被教導受持〈大悲咒〉，那時他發願，如果將來他可以利益、安樂一切眾生，身上立刻就會長出千手千眼來，當觀世音菩薩發完願後，果然當下身上出現千手千眼。觀世音菩薩的千手拿著各式各樣的東西，不只有法器、文物，還有武器等，眾生需要用什麼樣的方法離開煩惱、罪惡，觀世音菩薩就用什麼樣的方法來救度。

另外在《華嚴經》中介紹善財童子參訪的五十三位大菩薩，其中的第二十八位就是觀世音菩薩，住在印度南方海邊的補怛洛迦山，這座山位在海面上，山上充滿寶石，而且非常清淨，滿山遍布花草樹木、好鳥、流泉、池沼，就像淨土一樣，觀世音菩薩就住在那裡。

而在中國人的信仰中，又以浙江省定海縣的普陀山為觀世音菩薩的道場。那是由於唐代時有位日本僧人慧鍔，來華求法，請到了一座觀世音菩薩的像，想要帶回日本，但是行船經過定海舟山群島時，被狂風阻擋了歸程，傳說當時海上長滿了鐵蓮花，船隻無法通過，於是只好把觀世音菩薩送去供養在那座小島上，從此以後來此朝拜的人多了，於是更名為普陀山，成為中國佛教四大名山之一。

西藏拉薩有一座布達拉宮，也就是梵文補怛洛迦（potalaka）的意思。而且西藏傳說他們過去有名的藏王和達賴喇嘛都是觀世音菩薩的化身，所以把他們的住處叫作布達拉（即補怛洛迦），觀世音菩薩也成為西藏佛教中最重要的一尊菩薩。

在西藏，每個人都會念〈六字大明王咒〉——「唵嘛呢叭彌吽」，也就是觀世音菩薩六字陀羅尼，這和念「南無觀世音菩薩」的功能是完全相同的。

如此看來，觀世音菩薩的道場，究竟是在印度，是在中國的浙江省，還是在西藏的拉薩？可謂莫衷一是。其實，我們對此問題，大可不必追問。只要你修觀音法門，念觀音聖號，觀音菩薩就在你的面前，所以太虛大師曾說：「五老此留形，清淨為心皆補怛；普門無定相，慈悲濟物即觀音。」

本論

這次講說的方式和傳統的講經方式不太一樣，傳統對經文的科判都講得很仔細；但這些我暫時略而不說，只以幾個綱目為主軸，每個綱目之下又分有數個子題。在此我把〈普門品〉分為本論、重頌、結論三個綱目，主要的部分是第一個綱目，最後兩個綱目比較簡單。

一、為何名為觀世音菩薩？

（一）觀聲救苦——救濟七難

爾時無盡意菩薩，即從座起，偏袒右肩，合掌向佛，而作是言：世尊！觀世音菩薩，以何因緣，名觀世音？

若是沒人請法，釋迦牟尼佛就沒有機會說〈普門品〉。因為有無盡意菩薩代表所有聽眾向釋迦牟尼佛請示觀世音菩薩的名字由來，所以釋迦牟尼佛才有機會說出〈普門品〉。

法是必須有人請的，不是隨口就說的，所以經典中不問自說的經典，我所知道的有《阿彌陀經》，其他的經典則要有問法者、請法者，世尊才會鄭重其事地應機說法。

此處請說〈普門品〉的無盡意菩薩是東方不眴世界的大菩薩。他之所以請示佛陀有關西方世界觀世音菩薩的因緣，似乎也表示東方、西方的菩薩是相呼應的。

佛告無盡意菩薩：善男子！若有無量百千萬億眾生，受諸苦惱，聞是觀世音菩薩，一心稱名，觀世音菩薩，即時觀其音聲，皆得解脫。

因為無盡意菩薩現的是丈夫相，所以釋迦牟尼佛稱他為善男子，並告訴他如果有無量百千萬億眾生受到諸多苦惱，只要聽過觀世音菩薩的名字，一心一意稱念觀世音菩薩的聖號，觀世音菩薩就立即聽到他們的聲音，而使得無量眾生同時得到解脫。

「善男子」意指很有善心的男子，「善」有二解：一為無煩惱、有智慧；一為無瞋恨心、貪欲心、有慈悲心。男的稱為「善男子」，女的稱為「善女人」。許多人有時是善男子、善女人，但有時不是；聽經修持時是，生煩惱時不是，而無盡意菩薩則永遠都是。

「受諸苦惱」即蒙受種種痛苦與煩惱。痛苦與煩惱有些是生理的，有些是心理的，生理的痛苦還好解脫，心理的苦惱則不易面對、處理；因為真正的煩惱根源於我們的心，如果心中提不起又放不下，便會為我們帶來種種困擾。

臺北地區有一家專門收容特殊病患的醫院裡，有一位善女人，有一次我跟她說：「妳在這裡住了三十年，實在很苦。」

她說：「師父，我已不苦了。」

我說：「妳的四肢殘缺，臉部五官不全，怎麼不苦？」

她說：「師父，現在我的身體雖然有病，但心理沒有病，所以沒有苦。」

我又問：「為什麼不苦？」

她說：「因為佛法讓我不苦，如同師父說的〈四眾佛子共勉語〉中的兩句話：

『時時心有法喜，念念不離禪悅。』我在聽了佛法後很歡喜，我現在會念佛、念觀世音菩薩的聖號，覺得經常在禪悅之中，當然不覺得苦。」

我再問她：「妳不是自我陶醉吧？妳是真的快樂嗎？」

她說：「佛法教我慈悲，所以我雖然是個病人，也能協助照顧其他病人；當我看到其他病人痛苦，就去幫忙，就不會想到自己有病，所以也不覺得自己有什麼苦的，反而覺得那些病人好可憐啊！」

從她的回答中，我相信她是真的很快樂。

所以，苦惱、煩惱是在「心」，心苦才是真正的苦，身體的病不一定是苦。當身心皆苦，不知如何處理時，應該一心稱念「南無觀世音菩薩」，就能得到觀世音菩薩的感應而離苦得樂。

稱念觀世音菩薩有兩種念法：

1. 散心念：一邊念，一邊還會想其他的事；散心念也會有用，但就像牛乳裡摻了水一樣，是被稀釋過的，不過總比不念的好。

2. 一心念：念聖號時心無雜念，雖然耳中可聽到其他聲音，但不去注意它，心裡可能還有念頭，但不要在乎它，只是一心稱念聖號。

若有持是觀世音菩薩名者，設入大火，火不能燒，由是菩薩威神力故。若為大水所漂，稱其名號，即得淺處。若有百千萬億眾生，為求金、銀、琉璃、車渠、馬瑙、珊瑚、虎珀、真珠等寶，入於大海。假使黑風吹其船舫，飄墮羅剎鬼國。其中若有乃至一人，稱觀世音菩薩名者，是諸人等，皆得解脫羅剎之難。以是因緣，名觀世音。

這裡講的是火、水、風三種災難。

在「觀聲救濟」項目中一共舉出了七種災難，這就是〈普門品〉中著名的「七難」；七種苦難只是代表，其實觀世音菩薩是有求必應，所有的苦難都會救濟。觀世音菩薩之所以被稱作「尋聲救苦」，是因為任何地方的眾生只要念觀世音菩薩的名號，他都能聽到而給予救濟。人世間大大小小的災難處處都有，時時都有，凡是人力無法克服和救濟的，便應當祈求觀世音菩薩救濟。

七難中的第一是「火難」。我曾經聽過一個火災的故事：有一棟大樓失火了，全樓的人都不知道從哪裡可以逃出來，許多人被燒死，也有許多人從窗子跳下而摔死；其中有一個人在危急之下念觀世音菩薩聖號，不久突然看到前方有個洞，像是出口，於是他往前走去，就走到了陽台，結果因此而獲救。事後有人問他是如何出來的，他說：「我也不知道，只是念觀世音菩薩，就這麼出來了。」

第二是「水難」，大水不限於大河、大海，如果下雨不停，海水倒灌，內陸也會變成汪洋一片。我童年時在大陸就經歷過兩次這種大水災，來勢洶洶，情況非常可怕，在那種情況下，逃也逃不掉，便應祈求觀世音菩薩的救濟。

第三是「風災」，除了颱風，應該也包括颶風、龍捲風。如果遇到這種大風，在海上的船隻一定逃不過，在陸地上的人們同樣也會遭殃。

香港昨天颳的颱風很奇怪，好像風勢不小，但有時候又很平靜。於是就有人問我：「今天晚上講不講經？」

我回答說：「因為是講〈普門品〉，所以我一定講，十個、一百個、一千個人聽，我都會講，乃至只要有一個人聽，我也照常講。」

結果今天下午兩點，主辦人永惺法師打電話告訴我說：「颱風警報已經解除了，晚上可以講經了！」

聽到後我直念：「南無觀世音菩薩。」

其實經文中已經告訴我們，連在大海中遇到黑風，念觀世音菩薩都能躲過災難，更何況我們要講觀世音菩薩的〈普門品〉，所以我很有信心，講經法會一定能照常進行。這不是我的神通廣大，而是觀世音菩薩自己說的，他一定不會騙我們的。

所以我們一定要相信觀世音菩薩所說的，有信心就一定有感應，他自己有這樣的願心，就有這樣的感應。所以各位有任何困難時，不妨念觀世音菩薩，一定能夠度過難關。

經文中提到金、銀、琉璃等八種寶，其實世上還有更多的寶，人世間以這些東西為寶，但學佛的人以佛、法、僧為寶，是為三寶。

求世間財寶會遭遇危難，而求佛法的人也是會遇到災難的。例如，玄奘三藏到印度求法時便遇到了種種災難，在他自己所寫的《大唐西域記》中記載，他曾經在沙漠中有許多次缺水、迷路，已經瀕臨死亡的邊緣，但是念觀世音菩薩名號就突然能找到水、找到路，化險為夷。

至於一般人在求法學法時，在佛法的大海中也會遇到「黑風」所吹的災難，但是吃得苦中苦，方為人上人，要成為菩薩一定會遇到種種災難；因此，「黑風」也可以說是一種比喻，形容大魔難折磨修道人。

「羅剎鬼國」可作二解，一為吃人的惡鬼，一為人心裡的惡鬼，如果我們為了求財富、法寶而內心產生大矛盾，或外在社會中有許多人要我們的命，也可算是遇到了羅剎。

所以當我們遇到內在掙扎或外在壓迫時，為了救自己的身命及慧命，要念觀世音菩薩聖號。

若復有人，臨當被害，稱觀世音菩薩名者，彼所執刀杖，尋段段壞，而得解脫。若三千大千國土，滿中夜叉、羅剎，欲來惱人，聞其稱觀世音菩薩名者，是諸惡鬼，尚不能以惡眼視之，況復加害？設復有人，若有罪，若無罪，杻械枷鎖，檢繫其身，稱觀世音菩薩名者，皆悉斷壞，即得解脫。若三千大千國土，滿中怨賊，有一商主，將諸商人，齎持重寶，經過險路，其中一人，作是唱言：諸善男子，勿得恐怖！汝等應當一心稱觀世音菩薩名號，是菩薩能以無畏，施於眾生。汝等若稱名者，於此怨賊，當得解脫。眾商人聞，俱發聲言：南無觀世音菩薩。稱其名故，即得解脫。無盡意！觀世音菩薩摩訶薩，威神之力，巍巍如是。

這段一共敘述了「七難」中的四種難：刀杖難、惡鬼難、幽繫難、險路難，都是遇到災難的人自己念觀世音菩薩而得到解脫，這與前面所說的「黑風難」，只要其中有一個人念觀世音菩薩名號，就能使許多人離開災難，兩者略有不同。一人稱念而眾人得利，這是可以理解的，因為相信觀世音菩薩的人就會相信因果，會去惡向善。一個人去惡向善就會影響、感化許多人，於是一個人念觀世音菩薩就有很大的力量。

第四「刀杖難」，是指遇到強盜、土匪，甚至戰爭，如果能念觀世音菩薩就能免於刀、槍傷害及殺身之禍。

有一位居士，是我的皈依弟子，在皈依時我曾經告訴他，若遇到災難就念觀世音菩薩。皈依後沒多久，有一天晚上家裡闖入一個強盜，手上拿刀威脅著要他交出財物。這位居士剛皈依，馬上想到我的話，便大聲念觀世音菩薩。強盜聽了有些心慌，就說：「不要念了！不要念了！」結果強盜沒有傷害他，連搶走的東西也很少。

第五是「惡鬼難」，可分兩種：

1. 夜叉：來去很快，可善可惡，惡的害人，善的護法。

2.羅剎：沒有善的，我們平常生活裡莫名其妙遇到災難，不知是何原因，那就可能是遇見羅剎了。

有位住在紐約的居士，三個月前希望我到他的辦公室去一趟。他說那裡鬧鬼，白天杯子會從架子上掉下來，本來沒有水，會有水倒在桌子上，電燈會無緣無故被關掉。我說：「我不是張天師，既不會畫符，也不會抓鬼。你就念觀世音菩薩吧！不但自己念，也要家人、同事一起念。」結果沒多久果然就平安了。

第六是「幽繫難」，是指遭人囚禁，失去自由；「杻械枷鎖，檢繫其身」就是身體遭到手銬、腳鐐、項板、鐵索綑綁。不管今生有罪無罪都有可能遇到這種災難，如果有罪，就是此生造的惡業；如果無罪，就是過去生造的惡業，故遭惡報。

我認識一對醫生夫婦，是農禪寺的皈依弟子，有個獨生子，上個月中旬清晨四點多，有人打電話來說：「你們睡得真熟，連兒子不見了都不知道。」原來有人於夜間潛入家中綁走了他們的獨生子，打電話要他們在早上十點之前準備好五百萬元，到指定的地方贖人。

他們於是打電話給我，問我怎麼辦？

我告訴他們說：「心裡不要急，不要慌，念觀世音菩薩，同時向警察局報案，只要念觀世音菩薩就不會有問題。」

後來綁票的人一直沒再打電話來，到了下午三點多，警察通知他們說小孩找到了，要他們去領回家。

他們問小孩是怎麼逃出來的，小孩說：「很奇怪，被關的地方沒有門，而看我的伯伯老是在打瞌睡，好像很累的樣子，我覺得很奇怪，就出去玩玩，遇到警察伯伯就把我送回來了。」

直到今天，我們還不知道這個小孩是怎麼出來的，但我相信是觀世音菩薩把他救出來的。因此我告訴這對夫婦說：「這是因為你們有宿怨，所以出了事，如今小孩平安回來就好了。」

第七是「險路難」，險路有兩種：

1. 為了求得世間的財寶，難免會有危險，所謂：「人為財死，鳥為食亡。」

2. 為了求佛法、學佛法、行菩薩道、完成佛道，一定要歷經千辛萬苦才能真正成為菩薩行者。

不管是為求哪一種財，只要是求正當的財富，遇到任何困難都不要害怕，路雖艱險，若能一心稱念觀世音菩薩的聖號，便能履險如夷，求財得財，求法得法。

（二）觀心救苦——救濟三毒

「七難」說的是身體遭遇的災難，並且指出觀世音菩薩的神力；接下來要說的是人們心裡的貪、瞋、癡三毒，並指出只要念觀世音菩薩就能脫險解毒。

若有眾生，多於婬欲，常念恭敬觀世音菩薩，便得離欲。若多瞋恚，常念恭敬觀世音菩薩，便得離瞋。若多愚癡，常念恭敬觀世音菩薩，便得離癡。無盡意！觀世音菩薩，有如是等大威神力，多所饒益，是故眾生，常應心念。

「欲」的本身如果是正常的希望和願心，就沒什麼不好，但是非分的、過分的追求就有問題。

非分之追求，不應要而要，就是貪欲，過分的貪欲，尤其以男女的淫欲最可怕。

人在成年之後，若不慎加約束男女之欲的話，很容易招致困擾，乃至釀成大災大難。正常的夫妻關係沒有什麼大問題，但是邪淫、亂淫，不但有違道德良心，甚至會造成家破人亡。

淫欲除了生理的欲求之外，多半是由於心理的不滿足。例如，在釋迦牟尼佛的時代有位比丘淫心不斷，為了斷淫，便想把自己的生殖器割掉，佛陀卻告誡他說，割掉生殖器是沒有用的，必須斷的是心中的欲念，而不是性器官，可見淫欲重在心而不在身。

瞋恨心通常稱為發脾氣、憤怒不滿。經上說：「一念瞋心起，百萬障門開。」只要一念瞋心生起，障礙都會因此發生。也就是說，種種障礙都可能是因為瞋恚心而產生的。

那麼，瞋心又是如何產生的呢？有時候是因為想要的求不得，不要的又丟不掉，所以生氣；有時候是心中有對立、矛盾、放不下的人、事、物，那是非常痛苦的。若能用慈悲心來看待自己、看待別人，瞋心自然減少；我們念觀世音菩薩，就是要學習他的大慈大悲，讓瞋恚心減少，乃至息滅。

至於愚癡心的意思就是不明事理、不解善惡、不信因果。

愚癡有兩種：一種是愚笨，一種是愚蠢。愚笨是頭腦不清楚、反應慢，對事情的理解度不夠；愚蠢是頭腦清楚、反應快，但就是不講理，為了自己的利益可以講歪理。

世上有許多很聰明、很有學問的人，但是仍然很愚癡，因為有時候會出現糊塗念頭，做糊塗事情，明明知道不該想的卻要去想，不該做的偏去做了。

當然，我們也常常聽到修行的人說：「我真慚愧，我真愚癡。」事實上能夠自知愚癡算是不錯的了，如果自己愚癡還不知道，那才是真正的愚癡。

兩年前我在美國訪問一對美國夫婦的家，先生患有糖尿病，但是很喜歡吃香蕉，太太於是管制他，但他還是會趁著太太不在的時候偷吃香蕉。他很無奈地告訴我：「我實在沒有辦法控制自己。」

我說：「我有辦法！」我告訴他，只要想吃香蕉時，就念南無觀世音菩薩，要常常念，用心念，而不是有口無心，那才有作用。

（三）觀色救苦

若有女人，設欲求男，禮拜供養觀世音菩薩，便生福德智慧之男，設欲求女，便生端正有相之女，宿植德本，眾人愛敬。無盡意！觀世音菩薩有如是力。若有眾生，恭敬禮拜觀世音菩薩，福不唐捐。是故眾生，皆應受持觀世音菩薩名號。無盡意！若有人受持六十二億恆河沙菩薩名字，復盡形供養飲食、衣服、臥具、醫藥。於汝意云何？是善男子、善女人，功德多不？無盡意言：甚多！世尊。佛言：若復有人，受持觀世音菩薩名號，乃至一時禮拜供養，是二人福正等無異，於百千萬億劫不可窮盡。無盡意！受持觀世音菩薩名號，得如是無量無邊福德之利。

這一段經文說明禮拜、供養、恭敬觀世音菩薩以及受持觀世音菩薩聖號，能得到很多利益，其功德之大不可思議，一人一時禮拜、供養觀世音菩薩的功德，等於以種種物品供養六十二億恆河沙菩薩。

這段經文中舉出了求男得男、求女得女的兩個例子。世間的人希望生兒育女是正常的，不管是否已經信仰佛法、皈依三寶，多半想要有兒女，因此，如果沒有兒女，就可以祈求觀世音菩薩。

今天早上有位女居士抱著兩個月大的寶寶來看我，那是去年（一九九二年）我來香港講經時，她因懷孕過程不順利來見我，希望我給她一些指導與開示，我就要她念觀世音菩薩，念了兩個星期後再去檢查，醫生就告訴她沒有問題了。

所以這位女居士說，這個小孩是觀世音菩薩送來的，將來要讓他出家。我說：「觀世音菩薩送來的小孩倒不一定會出家。」例如，清朝最後一位狀元張季直，原本沒有兒子，求了觀世音菩薩，結果得到了兒子，後來這個兒子也並沒有信佛教。不過前面說到香港的這位母親，捨得讓觀世音菩薩送來的兒子出家，是值得讚歎的。

觀世音菩薩送來的孩子是不會壞的，因為這種孩子有自己的福德。這些福德來自孩子過去世已有修行，但未真正斷欲或出世，因此觀世音菩薩介紹到念觀世音菩薩的人家裡，出生後對父母會很好。

所以我常常告訴人們說：「懷孕時常念觀世音菩薩，生出來的小孩一定聰明、乖巧。」因為母親念觀世音菩薩時心裡就會清淨，而與慈悲及智慧相應，影響到胎兒，就是一種非常有效的胎教。

尤其觀世音菩薩與我們娑婆世界的眾生特別有緣，所以念觀世音菩薩名號比念其他菩薩名號的功德更多、更大、更容易立時見效。

二、如何遊化娑婆世界？

（一）三十三身隨類應化

無盡意菩薩白佛言：世尊！觀世音菩薩云何遊此娑婆世界？云何而為眾生說法？方便之力其事云何？

這是〈普門品〉的請法主無盡意菩薩向說法主釋迦牟尼佛請示：「觀世音菩薩如何在我們的娑婆世界度化眾生？」「其善巧方便究竟如何？」下段經文便指出觀世音菩薩是以三十三種身分、身相來隨類應化、隨機教化。

觀世音菩薩可以分身千百億，但我們從《楞嚴經》和《法華經》裡可以看到三十二身或三十三身，而地藏王菩薩也有三十多種分身，而且類別大同小異。因此，以多種身分來教化眾生，可說是佛及大菩薩們共同的情形。

娑婆世界就是釋迦牟尼佛所教化的國土，娑婆意指「堪忍」，有兩層意思：

1. 是指生在這個世界的眾生，雖然受種種苦難，但卻不知是在苦難之中；或者雖然知道受苦，竟然沒有想到要離開這種苦況，所以眾生是由於自身的愚癡而處於苦難之中。2.是指佛與菩薩為了救度眾生，不得不重入苦難的世界，所以能受種種苦而在這個世界廣度眾生。凡夫眾生因為自己造的種種不善業，而在這個世界受種種苦難；佛與菩薩因為憐憫眾生如此愚癡，所以也到這個世界，一面受苦，一面度眾生。以此可見，我們自己造業不但自己受苦，也連累了佛菩薩們出現在這個世界受苦。

觀世音菩薩的三十三種分身，又可分為聖人及凡夫兩大類：

1. 四種聖人身：

> 佛告無盡意菩薩：善男子！若有國土眾生，應以佛身得度者，觀世音菩薩即現佛身而為說法。應以辟支佛身得度者，即現辟支佛身而為說法。應以聲聞身得度者，即現聲聞身而為說法。

這裡所講的三十三種化身中有三種是聖人，也就是佛、獨覺、聲聞。經文中雖然沒有提到菩薩，但因為觀世音本身就是菩薩，所以應該說有四類聖人的身分。

至於菩薩為什麼可以顯現佛身呢？這是因為凡是第八地以上的菩薩，也就是修行進入第三大阿僧祇劫時，就可以顯現佛身來廣度眾生；而且觀世音菩薩是古佛再來，所以能化現佛身。

辟支佛、聲聞是二乘，即是小乘的聖人。辟支佛就是獨覺，在沒有佛法的期間、沒有佛的環境下，因前世修行的因緣，自己悟得十二因緣的道理而成佛；聲聞有四種層次，也就是初果、二果、三果、四果的聖人，最高的四果叫作阿羅漢。

小乘常常被大乘批評為自私自利，為了自己而不度眾生。然而就是因為有許多人厭倦這個世界，不願再來受苦受難，因此佛、菩薩也會向這些人說有一種修行法可以出三界、離生死，也就是說，為了使得這類根器的眾生願意接受、修習佛法，佛菩薩也會講小乘法。

2.天、人、鬼、神的凡夫身：

應以梵王身得度者，即現梵王身而為說法。應以帝釋身得度者，即現帝釋身而為說法。應以自在天身得度者，即現自在天身而為說法。應以大自在天身得度者，即現大自在天身而為說法。應以天大將軍身得度者，即現天大將軍身而為說法。應以毘沙門身得度者，即現毘沙門身而為說法。

這段經文講的都是天神。天神與人類不同之處，在於其福報大、壽命長，物質條件細微、精妙，不像人間身相粗陋、壽命短促、生存條件惡劣。

天又可以分為欲界、色界、無色界三個層次，其中只有欲界天、色界天有身體，到了無色界天就完全是精神的世界，沒有身體。所以〈普門品〉此處所說觀世音菩薩的化身，只有欲界和色界的代表。

梵王天是色界初禪的大梵天王，根據《大智度論》指出，初禪天又分三個層次，即梵眾天、梵輔天、大梵天。

帝釋天是欲界六天中第二天忉利天的天主。

自在天身屬於欲界最高層次的第六天，即是他化自在天；從這裡看來，欲界中的每一種天神的身分，觀世音菩薩都可以化現。

大自在天是色界最高的色究竟天天主，他有兩種身分：一種是婆羅門教的教主濕婆，一種是佛教所說的淨居天摩醯首羅，傳說他有三目、八臂、乘白牛，住於色界之頂，故又名有頂天；它既是哲學思辨的原理，也是宗教信仰的神格。

天大將軍屬於欲界、色界諸天王的將軍；毘沙門是欲界天之初階四王天中北方的多聞天王，另外三位是西方的廣目天王、南方的增長天王、東方的持國天王。經文中以北方的多聞天王為代表，其餘三位天王也應該包括在內了。

以佛教的角度來看，中國道教的玉皇大帝相當於帝釋天，基督教和天主教的上帝或天主，則相當於大梵天王。所以其他宗教的教主或神，也可被視為佛教菩薩的化現。我們之所以有這麼大的心量，是因為菩薩能現種種身度種種人。

此外，釋迦牟尼佛在菩提樹下成道之前，受到魔王的誘惑和干擾，那就是欲界魔王天的作為。但是，從釋迦牟尼佛的觀點來看，雖然是天魔，但也是菩薩的化身；尤其有些人需要種種磨難，才能使得道心更堅固、修行更得力。所以從佛的立場來看，魔王也是修道的助緣，也是菩薩行者，觀世音菩薩必要時也會現魔王身。

從觀世音菩薩化身的立場來看，我們信佛、學佛的人，自己不得以魔鬼的行為迫害眾生，但在遭遇到任何順逆情況時，都要當作是助道的因緣，遇到任何人，不管是幫助、打擊、毀謗、讚歎，都是菩薩的示現，都要感謝、感恩，這是菩薩行者應有的心態。

今天有位居士告訴我，她修觀音法門，常常心想自己應該學習觀世音菩薩的慈悲，因此瞋恨心愈來愈消融，慈悲心愈來愈增長，這就是修行觀音法門的好處。因為對於修行觀音法門的人來說，眼見的、耳聞的、接觸的……沒有一人一事可以使我們憎恨，而是時時處處都是那麼好、對自己有益，這樣才是真正的佛教徒及菩薩行者。

應以小王身得度者，即現小王身而為說法。應以長者身得度者，即現長者身而為說法。應以居士身得度者，即現居士身而為說法。應以宰官身得度者，即現宰官身而為說法。應以婆羅門身得度者，即現婆羅門身而為說法。應以比丘、比丘尼、優婆塞、優婆夷身得度者，即現比丘、比丘尼、優婆塞、優婆夷身而為說法。應以長者、居士、宰官、婆羅門婦女身得度者，即現婦女身而為說法。應以童男、童女身得度者，即現童男、童女身而為說法。

這裡說的是人間的身體。凡夫都希望見到異人、聖人或佛菩薩，因為相信比我們能力強的人才能真正幫助我們。但同時也有另一種心理，如果有人高高在上、神祕兮兮、高深莫測、不易接近，卻會使人害怕。這兩種心理都是我們凡夫常有的。

因此對於菩薩來說，有些眾生要以聖人、天王身來施行教化，有些眾生則要以凡夫身來使他接受佛法。

經文中的「小王」是和統治全世界的轉輪聖王相對的，指的是統治一時一地的國王。小王中又有大小之分，在釋迦牟尼佛時印度有十六個大國以及許多小國，有些小國只有一城。

「長者」是指望重德劭之人，而不是實質的官員。

「居士」是在家學佛的人，男的叫居士，女的叫居士女、居士婦。

「宰官」就是政府的政務官或事務官，例如國家的宰相或地方的官吏。

「婆羅門」是類似道家的道士、天主教的神父、基督教的牧師般的宗教師，但在印度的婆羅門是指宗教師的階級或種姓。

這段經文是說觀世音菩薩為了教化眾生，也可以現外道宗教師的身分來說佛法。現在有許多天主教的神父、修女、修士以及牧師跟我學佛法、打禪七，而比利時魯汶大學的神父勒莫德（E. Lamotte）把《大智度論》譯成法文，非常有名，因此雖然他是一位神父，但也可說是觀世音菩薩的化身。

不過佛教雖可容受其他宗教，正信的佛法尚有不改的原則，菩薩化現僅是權宜之計。

「比丘」、「比丘尼」就是出家受了具足戒、修習佛法的男女。「優婆塞」、「優婆夷」是受了三皈五戒或僅僅受了三皈的男女。主持三寶、弘揚佛法的，就是以此四眾為中心。

「婦女身」是指化現長者的婦女、居士的婦女、宰官的婦女、婆羅門婦女等的身分，而為眾生說法。

還有一些人比較能接受小孩的感化與感動，因此觀世音菩薩也會化身為男童、女童來說法。一星期前我看到一個小孩才六歲，就能背《心經》、〈大悲咒〉，也能講三皈五戒的意義，所以有些本來不信佛教的大人看了之後，便說：「我也要信佛了。」

我也聽說有位西藏的迦羅仁波切於九十多歲圓寂後，最近找到他轉世的靈童，沒到過西藏就會修法，搖鈴、打鼓、念經，有模有樣。有些人看了便覺得佛教真是不簡單，所以就相信了佛教。因此，有時觀世音菩薩需要以童男、童女之身來感化、感動眾生。

但也有一些人要看到護法神現身、聽到護法神說法才相信佛法，所以有天龍八部身的化現。

應以天、龍、夜叉、乾闥婆、阿修羅、迦樓羅、緊那羅、摩睺羅伽人非人等身得度者，即皆現之而為說法。應以執金剛神得度者，即現執金剛神而為說法。

這裡提到「天龍八部」。

「天」除了是指四天王以上各天天王的扈從，所謂天居神之外，也指遊於空中的空居神、處於地上的地居神，在印度是泛指一般的神，如草木神、水神、火神，都叫作天，梵語名為提婆（deva）。

「龍」在傳說中小的龍如蛇，大的龍能上天下海，行雲下雨，居住在水底的龍宮。

「夜叉」是一種行走得很快的鬼。

「乾闥婆」就是飛天、音樂神，如敦煌石窟壁畫中的飛天，手裡拿著樂器飄浮在天空。

「阿修羅」住在地上，但能上天，有天的福報，沒有天的德行，所以瞋恨心重，猜疑心強，煩惱也很多，但在聽了佛法後，也會護持三寶。

「迦樓羅」是大鵬金翅鳥，是類似大鷹般的神物。

「緊那羅」是人身但頭上長角的一種神。

「摩睺羅伽」則是人身的大蟒神，如蛇腹行。

以上這些八部神王都叫「人非人」，因為他們不是人，卻常常顯現、變化出人的身體、人的頭；蕅益大師的《法華經會義》卷七則另有解釋：「言人則老少貴賤何所不收，言非人則地獄鬼畜何所不收。」依《舍利弗問經》所言：「八部鬼神皆曰人非人。」

「執金剛神」，又名那羅延天或大力天神，就是寺廟裡的怒目金剛，有些手持降魔杵而且面孔凶惡難看，但也有面孔和善好看的，如同韋陀菩薩一般。

因為觀世音菩薩可以現種種身、種種相，所以站在佛教徒的立場，不管看到任何形相、身分，只要對我們有幫助、為我們說佛法，我們就把他當作觀世音菩薩的化身。

所以可以說處處都能看到觀世音菩薩，而到處都有他的化身。

（二）施無畏者

無盡意！是觀世音菩薩，成就如是功德，以種種形，遊諸國土，度脫眾生。是故汝等應當一心供養觀世音菩薩。是觀世音菩薩摩訶薩，於怖畏急難之中，能施無畏，是故此娑婆世界，皆號之為施無畏者。

這段經文告訴我們觀世音菩薩功德無量，因為他能以種種形相、身分，在所有的世界出現，幫助、度脫一切眾生，因此我們應該一心供養觀世音菩薩，表示恭敬感恩。

並且由於觀世音菩薩在任何情況下都可以使人得到平安，沒有恐怖，給予無畏的布施，所以他又有「施無畏者」的名號。

所謂「千江水映千江月」，各處地面凡有積水，都能映照天上的月亮，而天上的月亮並不因此而增減多少；同時，月亮是不須移動的，只要有水的地方就能現出月亮的光影。

如同觀世音菩薩救濟苦難、度脫眾生，是不須離開極樂世界的，只要我們念觀世音菩薩聖號，希望他來救濟我們，便隨時可得到救濟，而他根本不忙，根本沒動，只是我們有求，他便有應，等於凡有水處就看得到月亮，沒水就看不到月。

（三）為憫眾生應受供養

無盡意菩薩白佛言：世尊！我今當供養觀世音菩薩。即解頸眾寶珠瓔珞，價值百千兩金，而以與之，作是言：仁者！受此法施珍寶瓔珞。時觀世音菩薩不肯受之。無盡意復白觀世音菩薩言：仁者！愍我等故，受此瓔珞。爾時佛告觀世音菩薩：當愍此無盡意菩薩及四眾、天、龍、夜叉、乾闥婆、阿修羅、迦樓羅、緊那羅、摩睺羅伽人非人等故，受是瓔珞。即時觀世音菩薩愍諸四眾及於天、龍、人非人等，受其瓔珞，分作二分，一分奉釋迦牟尼佛，一分奉多寶佛塔。無盡意！觀世音菩薩有如是自在神力，遊於娑婆世界。

這段文字雖長，但意思相當簡單，就是因為前面釋迦牟尼佛說應該一心供養觀世音菩薩，所以無盡意菩薩馬上把自己頸項上所掛的許多寶珠、瓔珞取下來要供養，可是觀世音菩薩不肯接受，無盡意菩薩就說：「你若憐恤我們，應該接受。」這時佛陀也幫忙說話：「觀世音菩薩，你應憐恤這些眾生而接受供養。」觀世音菩薩在接受供養之後，並沒有把這些寶物收起來，而是分成兩份：一份供養釋迦牟尼佛，一份供養多寶佛塔。

《法華經》第十一品記載東方寶淨世界的教主，名叫多寶如來，他曾經發願，他的舍利塔會在釋迦牟尼佛的法華會上，從地下踊出在空中，以證明釋迦牟尼佛所說的《法華經》；因此在佛說〈普門品〉時的法華會上，便有兩尊佛：一尊是過去的多寶佛，一尊是現正在說法的釋迦牟尼佛；所以觀世音菩薩就把所得到的供養，分作兩份，奉獻給這兩尊佛。

釋迦牟尼佛讚歎觀世音菩薩救度眾生的功德，可是觀世音菩薩不覺得自己真有功德，因為一切佛法都是由佛而來的，為了報佛恩，應該把所有的功德迴向於佛，因此把所得的供養也供養了兩尊如來。

中國人有句話：「借花獻佛」，表示自己並沒有花，但借了別人的花來獻給佛，這是為送花的人求福，也讓獻花的人對佛產生敬意，而不是對自己恭敬、供養。這是一種菩薩心，也是觀世音菩薩值得我們學習的了不起心懷。

至於今天我在這裡講〈普門品〉，若有任何功德，也是觀世音菩薩的功德、佛的功德，我沒有功德。諸位要感謝的話，不要感謝我，要感謝釋迦牟尼佛，要感激觀世音菩薩，感謝住持佛法的三寶，這也是我的「借花獻佛」。

重頌問答觀音聖德

重頌問答觀音聖德這一部分，鳩摩羅什法師並未譯出，是後人補譯出來再加入《法華經》的。這樣的偈頌，是佛經中常用的文體，是為了便利讀誦、記憶，多半是在一段散文之後，再用頌文重新表現一遍，所以其內容與散文是大致相同的。

一、為何名為觀世音？

爾時無盡意菩薩以偈問曰：世尊妙相具，我今重問彼，佛子何因緣，名為觀世音，具足妙相尊？

釋迦牟尼佛接著也是以偈頌回答，讚歎觀世音菩薩的修行：

偈答無盡意：汝聽觀音行，善應諸方所，弘誓深如海，歷劫不思議，侍多千億佛，發大清淨願。

這是因為觀世音菩薩已經發了深誓，修持了很長的時間，供養了很多的佛，發了很大的清淨悲願，要廣度無量的眾生。下面四句，是要我們心念觀世音菩薩，便有不可思議的感應。

我為汝略說：聞名及見身，心念不空過，能滅諸有苦。

釋迦牟尼佛說：我為你大略介紹，你聽到他的名字或見到他的身相，並且心裡不斷念觀世音菩薩，便能滅三界的一切苦難。

一般人習慣把念佛的「念」字加個「口」字邊，那是錯的，僅僅口唸心不念，等於是放錄音帶；所以這裡特別強調要用「心念」。

接下來則說明念觀世音菩薩的好處：

假使興害意，推落大火坑，念彼觀音力，火坑變成池。或漂流巨海，龍魚諸鬼難，念彼觀音力，波浪不能沒。或在須彌峰，為人所推墮，念彼觀音力，如日虛空住。或被惡人逐，墮落金剛山，念彼觀音力，不能損一毛。或值怨賊繞，各執刀加害，念彼觀音力，咸即起慈心。或遭王難苦，臨刑欲壽終，念彼觀音力，刀尋段段壞。或囚禁枷鎖，手足被杻械，念彼觀音力，釋然得解脫。咒詛諸毒藥，所欲害身者，念彼觀音力，還著於本人。或遇惡羅剎，毒龍諸鬼等，念彼觀音力，時悉不敢害。若惡獸圍遶，利牙爪可怖，念彼觀音力，疾走無邊方。蚖蛇及蝮蠍，氣毒煙火燃，念彼觀音力，尋聲自迴去。雲雷鼓掣電，降雹澍大雨，念彼觀音力，應時得消散。

這些都是舉例說明任何危難時，若能念觀世音菩薩名號，都能馬上消災解難。

二、觀音無處不現身

接下來的偈頌，是說觀世音菩薩在一切十方國土之中無處不現其身。

眾生被困厄，無量苦逼身，觀音妙智力，能救世間苦。具足神通力，廣修智方便，十方諸國土，無剎不現身。種種諸惡趣，地獄鬼畜生；生老病死苦，以漸悉令滅。

這一段是說觀世音菩薩的慈悲救濟無限、神通廣大無邊，能解救任何危難，甚至像地獄那樣痛苦的地方，他都會尋聲救度。因此，任何人在任何地方，只要心念觀世音菩薩，生、老、病、死種種苦難，都會消除化解。

我們人世間的苦難實在太多了，如果有病，或遇到天災人禍，人力無法拯救，心念觀世音菩薩就能使我們得到平安。

所以我常勸人要相信觀世音菩薩的救濟，而且要修布施、持戒、忍辱等種種法門，若無力修或不會修，至少要念觀世音菩薩的名號。

三、讚歎觀音聖德

接下來讚歎觀世音菩薩的聖德：

真觀清淨觀，廣大智慧觀，悲觀及慈觀，常願常瞻仰。無垢清淨光，慧日破諸闇，能伏災風火，普明照世間。悲體戒雷震，慈意妙大雲，澍甘露法雨，滅除煩惱焰。諍訟經官處，怖畏軍陣中，念彼觀音力，眾怨悉退散。妙音觀世音，梵音海潮音，勝彼世間音，是故須常念。念念勿生疑，觀世音淨聖，於苦惱死厄，能為作依怙。具一切功德，慈眼視眾生，福聚海無量，是故應頂禮。

這段偈頌裡有許多的道理，其中有一句話最重要，那就是「念念勿生疑」。只要不懷疑觀世音菩薩的功德、神力，念他的名號，就一定能得到他的救濟。

我們修行觀音法門，第一要口念觀世音菩薩，第二要身拜觀世音菩薩，第三要心想觀世音菩薩的慈悲。這樣身體恭敬、禮拜觀世音菩薩聖像，口裡稱揚繫念觀世音菩薩聖號，心裡學習嚮往觀世音菩薩的慈悲，便是修行觀音法門，便能得到觀世音菩薩的感應。

結論

一、持地結讚觀音

爾時持地菩薩即從座起，前白佛言：世尊！若有眾生聞是〈觀世音菩薩品〉自在之業，普門示現神通力者，當知是人功德不少！

〈普門品〉中出現了三尊菩薩：第一尊是問法的無盡意菩薩，第二尊是被讚歎、介紹的觀世音菩薩，第三尊是結讚觀世音菩薩功德的持地菩薩。

觀世音菩薩在一切法門中都能施展神力，對人以人的法門，在天以天的法門，為小乘以小乘的法門，於菩薩以菩薩的法門，需佛則以佛的法門。觀世音菩薩會因為眾生的不同需要，而以大神通力來示現種種法門，所以叫作「普門示現」，而

〈普門品〉的意思也就在此。

二、大會眾生普得法益

佛說是〈普門品〉時，眾中八萬四千眾生，皆發無等等阿耨多羅三藐三菩提心。

「八萬四千眾生」代表無量眾生，這段是說法華會上所有聽法的眾生在聽了〈普門品〉之後，都發了成佛的心，也就是發了無上正等正覺的大菩提心。各位聽了三晚的〈普門品〉，是不是也發了成佛的心呢？但是成佛一定要從菩薩做起，一定要學觀世音菩薩的慈悲精神，要以慈悲心來關懷一切眾生，要以智慧心來處理自己的問題，也以智慧心來指導慈悲行的實踐，才不枉聽了三晚的〈普門品〉。

我非常高興有這個機會來向各位講解〈普門品〉，因為各位是未來的佛，而我借了佛法來獻給各位，可說是把佛法再獻給佛，這也是「借花獻佛」。

（一九九三年九月十七至十九日應香港「此岸彼岸」永惺長老之邀，講於香港伊利沙伯體育館）

貳、地藏菩薩的大願法門

前言

中國的農曆七月民間稱之為「鬼月」，流行普度。以佛教來講，七月是地藏菩薩的涅槃日、成道日。所以今天我要介紹地藏菩薩的大願法門，內容包含了信、願、行。

在信仰方面，首先我們要相信地藏菩薩發的願是真的；然後也學習他那樣發大願。在修行的實踐上，一方面要學習地藏菩薩廣度眾生，另一方面則可誦持地藏菩薩的名號、研讀相關的經典，並且修持地藏菩薩教我們如何懺悔、如何消除業障的法門。

這些也正是我們法鼓山正在推行的，法鼓山一直非常重視修行佛法，而不僅僅是研究佛法。當然，研究是有用的，但若只是停留在研究的層面上，不能落實成為修行的方法，那不是佛法的目的，只是一種學問而已。

一、地藏的意思

地藏有「堪」和「住」的意思，「堪」就是可以、能夠；「住」就是安定、安穩。地，可以解釋為住處，也可以視為如同母親懷胎的胎藏、孕育眾生的大地一般。地能蘊藏萬物，讓眾生取之不盡，用之不竭；例如，我們生活在地球上，就是靠著大地，提供我們生活上必需物質的來源。因此，地藏菩薩的大慈悲願，能夠解決一切凡夫眾生生前、死後的問題，提供成佛之前的所有修行法門。

在《大乘大集地藏十輪經》中便說，地藏菩薩成就了眾多不可思議的功德，一如無盡的寶藏，憑藉這些功德力量，能發起堅固的大慈悲，滿足一切眾生的心願。

在《究竟一乘寶性論》中也提到，眾生有一如來藏，如同「地藏」一般，藏著種種寶物，能讓眾生受用不盡；這也就是說每個人都有如來藏，都有成佛的可能，如同地藏菩薩一樣。

二、地藏菩薩是誰？

地藏菩薩是什麼時候的人？從《地藏菩薩本願經》中得知，他是在距離現在無量無數阿僧祇劫以前的一位菩薩，已經度了許多眾生成佛，而他自己還沒有成佛。

在中國歷史上，也有一位祖師叫作地藏菩薩。根據《宋高僧傳》所記載，有一位出生在韓國的僧人，俗姓金，名叫喬覺，是一位王族，他在唐高宗永徽四年（西元六五三年），二十四歲的時候落髮出家，法號地藏；後來帶了一條叫善聽的狗，來到中國安徽省的九華山修行了七十五年。於唐玄宗開元十六年（西元七二八年）農曆七月三十日的晚上圓寂，世壽九十九歲。而在至德二年（西元七五七年），同樣是農曆七月三十日那天，這位地藏比丘顯靈，很多人都相信他就是地藏菩薩的化身，於是就為他啟建了一座塔，九華山也因此成為中國佛教的四大名山之一，如今這座塔還在九華山上。

事實上，地藏菩薩究竟什麼時候生、什麼時候圓寂，由於那已是過去無量劫以前的事，我們無法得知。但是，現在很多人把九華山的這位地藏比丘，當作是地藏菩薩的化身，提到地藏菩薩就把九華山的地藏比丘的故事，做為主要介紹的內容，雖然未必恰當，但就信仰而言，是無可厚非，而且也是有用的，但是要探討地藏法門，還是應該由相關的經典入手。

三、地藏法門的三部經

在藏經中，專門介紹地藏菩薩法門的一共有三部，根據由梵文翻譯成漢文的時間先後次序來說，分別是：

（一）《占察善惡業報經》兩卷　隋　菩提燈譯

（二）《大乘大集地藏十輪經》十卷　唐　玄奘三藏譯

（三）《地藏菩薩本願經》兩卷　唐　實叉難陀譯

此次講座所介紹地藏菩薩的大願法門，共有三部經典，但不是逐字逐句解釋，只是節取每部經典中與地藏菩薩本誓願力相關的經文。其中雖然大同小異，但各有重點，所以還是將它們分別抽離出來向大眾介紹，希望大眾對地藏菩薩的大願法門，能因此而有更正確、有系統的認識。

《占察善惡業報經》講記

一、地藏菩薩的本誓願力

此善男子發心已來，過無量無邊不可思議阿僧祇劫，久已能度薩婆若海功德滿足，但依本願自在力故，權巧現化影應十方，雖復普遊一切剎土，常起功業，而於五濁惡世化益偏厚，亦依本願力所熏習故，及因眾生應受化業故也，彼從十一劫來，莊嚴此世界成熟眾生，是故在斯會中，身相端嚴威德殊勝，唯除如來無能過者，又於此世界所有化業，唯除遍吉、觀世音等諸大菩薩，皆不能及，以是菩薩本誓願力，速滿眾生一切所求，能滅眾生一切重罪，除諸障礙現得安隱。

所謂地藏菩薩的本誓願力，是指在過去無量無數阿僧祇劫之前，地藏菩薩發了度眾生的願，依著這樣的願力，而不斷廣度眾生。經文中同時也介紹了地藏菩薩是如何發願、發願的內容，以及對人們的影響。

依釋迦牟尼佛的介紹，地藏菩薩自發心以來，已經過了無量無數阿僧祇劫，早已功德圓滿，但他仍依本誓願力權巧化現、影應十方。而地藏菩薩對五濁惡世的眾生特別偏厚，所以自從十一劫以來，專門莊嚴我們這個世界，成就、成熟我們這個世界的眾生。

因此，在釋迦牟尼佛宣說此經的法會中，地藏菩薩的身相端正莊嚴，威德非常殊勝，除了佛陀以外無人能比；而在娑婆世界的各種教化事業中，除了普賢菩薩、觀世音菩薩等諸大菩薩之外，也是無人能比。

經中提到，因為地藏菩薩的本誓願力，能夠很快滿足一切眾生所求、所願；眾生有重罪、障礙，若求地藏菩薩，依著地藏菩薩的法門來修行，就能滅除所有的重罪，使得解脫，讓心得自在、安穩。

有一次我在美國，遇到一位太太問我說：「師父，女人的業障是不是比男人重？」並且告訴我這是《地藏菩薩本願經》裡講的。

我說：「男人就沒有業障嗎？」

她回答：「大概輕一點。」

我說：「所謂的業障，是障礙我們不能聽聞佛法，障礙我們不能修行佛法，使我們煩惱重、問題多，這個叫作業障。妳現在已經來寺院聽佛法，已經開始修行佛法，煩惱應該是比過去少了。」

我又告訴她：「有的人自己有煩惱還不知道要去化解，不知道自求心安，那就是業障重的人，從這一點看來，有的男人的業障比女人還多。」

地藏菩薩的本誓願力，便是要使眾生滅除所有重罪，而得心自在安穩；若心不自在安穩，這種人便是業障深重，應該要修行地藏法門，能除罪消業，從障礙中得解脫。

又是菩薩名為善安慰說者，所謂巧演深法，能善開導初學發意求大乘者，令不怯弱，以如是等因緣，於此世界眾生渴仰受化得度。

地藏菩薩還有另外一個名字叫「善安慰說者」，就是很會說法來安慰他人，因為他所演說的佛法，能夠善巧開導初發心修行的眾生，使他們修學大乘佛法，不致因心性怯懦而不敢求大乘佛法、不敢相信眾生將來都能成佛。以此因緣，所以娑婆世界的眾生，都非常渴望、仰賴、樂意接受地藏菩薩的教化，並因此而得到超度。

很多人認為超度的意思，是超度死人，也有很多人說地藏菩薩是在地獄裡超度死人的，這些觀念似是而非，在這一部經裡介紹的地藏菩薩度的是活人，不是死人；倒是在另外一部地藏法門的經典《地藏菩薩本願經》，有提到超度亡靈的部分。

二、修行占察法當發種種願

地藏菩薩除了自己發願，也教我們要發願，修地藏法門，如何發願？又要如何修行地藏法門？

根據經典中的介紹為：

先當學，至心總禮十方一切諸佛，因即立願，願令十方一切眾生，速疾皆得親近供養，諮受正法。

這是說應當先生起至誠心，總禮十方一切諸佛，且同時要發願，願一切眾生能早日親近、供養十方諸佛，聽聞諸佛說法；又能至心迴向，使一切眾生都得到利益。

次應學，至心敬禮十方一切法藏，因即立願，願令十方一切眾生，速疾皆得受持讀誦，如法修行及為他說。

再來應該能禮敬十方一切法藏，發願十方一切眾生能夠受持、讀誦，如法修行，並且具備為他人說法的能力。

次當學，至心敬禮十方一切賢聖，因即立願，願令十方一切眾生，速疾皆得親近供養，發菩提心，志不退轉。

其次，還應該至心禮敬十方一切的賢聖，也就是一切的僧寶，其中包括賢僧及聖僧。賢僧是指持戒修福清淨的比丘、比丘尼；聖僧則是指阿羅漢、辟支佛和大乘等地以上的菩薩。除了禮敬十方一切賢聖僧，同時也要發願，願十方一切眾生，都能很快親近、供養一切賢聖僧，而且要發永不退轉的菩提心。

所謂發菩提心就是發成佛的願心，發度眾生的大慈悲願心，這也是地藏菩薩以及一切諸佛菩薩共同的願心。不但自己發菩提心，也願一切眾生都能發菩提心，並且不退轉、不退心。所謂「志不退轉」，是說現在不退，將來、永遠也都不退，如果能不斷地發這樣永不退轉的願心，就能真的不退願心了。

事實上，要能心不退轉是很難的。曾經有一位跟著我打了幾次禪七的年輕人，在受到感動之餘，也發了大菩提心，告訴我說：「師父，我從此以後要永遠追隨您好好修行，一直到成佛為止，不會改變了。」

我當然說好，也叮嚀他要心不退轉。

過了兩年，他交了一個女朋友，就突然消失不再出現了。後來在一次偶然的機會中，我又遇見他，他告訴我：「師父，我現在先要結婚了，將來我再帶著妻子、孩子一起來當您的徒弟。」乍聽之下，好像願心還沒有退。

只是時間又經過了七、八年，這段期間我還是不曾見到他，後來他的朋友告訴我有關他的一些消息，聽來生活似乎過得還不錯；於是，我寫了一封信，寄了一些資料給他，他也回了一封信來。信中提到，他很抱歉，因為年輕時並沒有真正認清自己想要做什麼，現在則找到方向了，至於學佛，那就以後再說吧！

最近有一位居士來請教我，他說：「師父，我現在已經發了心，但是我很擔心以後可能會退心。」

我說：「你才剛發心，就準備退心？」

他說：「不是！可是我這個人做事就是有三分鐘熱度的毛病，所以我現在雖然發了心，將來是不是能夠繼續就不知道了。」

我告訴他：「你可以天天發願，不要發一次心就不再發，要天天早上起來就發願，天天發願，那麼這個願就不會退轉了。」

> 後應學，至心禮我地藏菩薩摩訶薩，因即立願，願令十方一切眾生，速得除滅惡業重罪，離諸障礙，資生眾具，悉皆充足。

這段經文中提到，應該至心頂禮地藏菩薩摩訶薩，而且發願，願十方一切眾生，很快除滅惡業重罪，離開所有一切障礙，順利得到生活上所有的便利，沒有任何缺乏。一方面是沒有障礙，一方面是萬事如意。

這是表示地藏菩薩的大慈悲力，只要我們禮敬地藏菩薩，就能達這個目的，不過，經中也強調，重點是不為自己求，是為眾生求。所以，我們頂禮地藏菩薩摩訶薩，主要是希望眾生得利益、得如意；如果自私地先為自己，然後才為眾生，那麼你自己的障礙就很重了。

次當稱名，若默誦念，一心告言『南無地藏菩薩摩訶薩』。如是稱名，滿足至千，經千念已，而作是言：地藏菩薩摩訶薩，大慈大悲，唯願護念我及一切眾生，速除諸障，增長淨信，令今所觀，稱實相應。

這部經典中最後介紹的這個方法，是很容易修持的，就是一心稱誦地藏菩薩的名號，或默念「南無地藏菩薩摩訶薩」，念滿一千遍後再說：「地藏菩薩摩訶薩，大慈大悲，唯願護念我及一切眾生」，便能很快滅除一切障礙，增長清淨的信心。

所謂「摩訶薩」，指的就是大菩薩、偉大的菩薩的意思。

三、《占察經》的基本法門是十善

接下來要談的是在平常生活中，若想具體修行地藏法門，應該要實踐《占察善惡業報經》所說的「十善」法門：

言十善者，則為一切眾善根本，能攝一切諸餘善法。言十惡者，亦為一切眾惡根本，能攝一切諸餘惡法。

十善跟十惡是相對的，修十善就能夠不造十惡業，不造十惡業至少不會墮落到三惡道，即地獄、餓鬼、畜生道裡去，而能在人間天上享受人天的福報。另外，十善法也是一切菩薩六度萬行的基礎，也可以說是成佛的基本，因此十分重要。

所謂的十善是指「身三、口四、意三」。身三，是不殺生、不偷盜、不邪淫等三種身體行為的善法；口四是指我們的語言，有不妄言、不綺語、不兩舌、不惡口四種善法；意三是指心的行為中，有不貪欲、不瞋恚、不愚癡三種善法。

貪欲、瞋恚、愚癡，又稱為「三毒」，如果能夠心沒有三毒，身沒有三業，口沒有四過，那就是十善。法鼓山正在做「提昇人的品質，建設人間淨土」的工作，也是要從推行十善法開始，因為心清淨三毒就不生，口清淨則四過不起，身清淨則三惡業不造，人間淨土就在我們面前出現了。因此，想要淨化人心、淨化社會，推行十善法，就可以達成這個目的。

很多人將佛法說得很高深、很玄，講得教人聽不懂，讓人覺得高不可攀，其實那是不實際的，如果能夠把十善法實踐得很徹底，貪、瞋、癡三毒沒有了，那麼就算還沒成佛，也是大菩薩了。

四、《占察經》的離怯弱法

當知初學發意求向大乘未得信心者，於無上道甚深之法，喜生疑怯。我常以方便，宣顯實義而安慰之，令離怯弱，是故號我為善安慰說者。

地藏菩薩有另外一個名字：「善安慰說者」，之所以有這樣的稱呼，是因為他能夠安慰一些膽小、缺乏勇氣發願成佛的眾生，使得他們不再恐懼學佛。

如何安慰呢？地藏菩薩總是開示最殊勝、最妙樂的法門，但是這些成佛的法門，需要積功累德，不斷地難行苦行、自度度他，也需要很長的時間才能成就。因此，很多膽小的眾生就心生畏懼，而地藏菩薩就很慈悲告訴他們不要擔心，不要害怕。

其實一般的人就是這種鈍根、心量小的人，我見過一些很聰明、反應很快的人，他們認為自己是利根的人，當他們來修行的時候，最初一定會問：「請問師父，要修多少時間可以開悟？」這就如同有人問：「進入小學幾年以後可以畢業？進入大學幾年以後可以得到碩士、博士學位？」

在美國有一次就有人問我這個問題，我回答他：「這個不能保證。」

他又問：「既然不能保證，那我學它做什麼？」

我告訴他：「一切都可以保證，但開悟不能保證，修行到後來一定會開悟，至於會在什麼時候開悟，我不能打包票。」

他又問：「像我這樣利根的人，都不能打包票嗎？」這種人實際上就是鈍根的人，因為他等不及，還沒有入學就準備要畢業。

修行是不能光憑時間長短來論斷，要看過去所積聚善根是深厚抑或淺薄，以及學佛以後是否有修福、修慧、修定、持戒，是精進還是鬆散。就因為這其中的差別很大，所以沒有一定的標準，但是只要工夫到了，就能夠水到渠成，一定可以開悟，也一定可以成佛。

只可惜眾生總是缺乏耐心毅力，聽到需要花這麼長的時間修行，有這麼長的道路要走，就會舉雙手投降說：「那麼我暫時不修行了，再過一段時間，等我能修的時候再說吧！」其實這是很不划算的，就好像明明已經看到岸了，還說離岸太遠，不想上岸，或逃避問題，想過一段時間再回岸上去，結果反而離岸愈來愈遠。

五、空無自性

一切諸法，本性自空，畢竟無我、無作、無受、無自、無他、無行、無到，無有方所，亦無過去、現在、未來……無有生死涅槃，一切諸法定實之相而可得者。

又說：

煩惱生死，性甚微弱，易可令滅，又煩惱生死畢竟無體，求不可得，本來不生，實更無滅。自性寂靜，即是涅槃，如此所說，能破一切諸見，損自身心執著想故，得離怯弱。

地藏菩薩對於這些怯弱的眾生，總是很慈悲地安慰他們不要怕。這兩段經文很長，其實說的只有一個字「空」。

地藏菩薩告訴我們，不要認為時間好長、修行好難、罪業好重，不要這麼想，因為一切諸法都是空的，沒有一樣是真的，所以時間、空間都是假的。若能把一切當成空的、假的，那麼歷經無量無數阿僧祇劫，廣度一切眾生，也等於沒有這樣的事，既然如此還有什麼好怕的？

但是也不要誤解，佛法所說的空，不是和有相對的空，而是超越於空與有的概念，不執著任何一邊，才是真空。煩惱的現象都是因緣所生暫時的現象，它的本性是空的，不是真有那個東西。如果能夠了解這個道理，心中就不會有恐懼，也不會受煩惱所束縛了。

《大乘大集地藏十輪經》講記

第二部有關地藏菩薩大願法門的經典是《大乘大集地藏十輪經》（以下略稱《十輪經》），這部經是收在《大正藏》第十三冊，以下分四點來介紹。

一、地藏菩薩的功德

有菩薩摩訶薩，名曰地藏，已於無量無數大劫，五濁惡時、無佛世界，成熟有情……是地藏菩薩摩訶薩，有無量無數不可思議殊勝功德之所莊嚴。

這段經文描述的是釋迦牟尼佛在講述《十輪經》的法會上，如何向在場的聽眾介紹地藏菩薩。世尊說，地藏菩薩經歷無量無數的大劫，而在我們五濁惡世，以及還沒有佛出世的世界中，廣度眾生，使眾生得度、成熟有情。

所謂的「劫」，有大劫、中劫、小劫之分，二十個小劫為一個中劫，四個中劫為一個大劫，這些在我寫的《正信的佛教》一書中，有很清楚的解釋，以下則簡單的解釋。

「大劫」，這是指宇宙經歷的一次成、住、壞、空的生滅過程，從沒有到生成為有，到穩定，又到毀壞，最後又歸於空、沒有；換句話說，歷經一次的一生一滅，就是一個大劫。

至於「中劫」，就是成劫、住劫、壞劫、空劫。從沒有到有叫作「成」；完成之後就是「住」，住的意思就是停留在一種穩定的狀態；然後會進入毀壞的階段，叫作「壞」，破壞到最後又歸於空，這便是「空」劫的階段。經過成、住、壞、空四個階段就是一個大劫，足見大劫的時間是非常長的。

「小劫」，是從人壽八萬四千歲算起，每一百年減一歲，減到人的壽命只有十歲；然後又會漸漸增長，從十歲起每一百年增加一歲，一直增加到八萬四千歲，如此一減一增的漫長時間，就稱為一小劫，那也是一段相當長的時間。

在《十輪經》中提到，地藏菩薩於無量無數大劫之前，就已經在五濁惡世中廣度眾生，從以上的說明來看，這是多麼漫長的時間！

「五濁惡世」這個名詞，在《佛說阿彌陀經》裡面也曾經出現過。五濁，即是劫濁、見濁、煩惱濁、眾生濁、命濁；濁是骯髒、汙染的意思。我們所處的這個世界，就稱為五濁惡世。

「劫濁」是指受到時間的影響，眾生不能永遠住在這個世界中。前面我們提到，在宇宙成、住、壞、空四個中劫裡，只有「住劫」期間是眾生可以居住的，其他時段中則無法供人居住；可是即便是在住劫期間，還是不斷有種種來自環境的磨難，對眾生造成傷害與災難，這也是「濁」。

「見濁」是指眾生的看法、見解多半是不清淨的，也就是自私的、愚癡的、邪惡的，可是卻還以為自己的意見、想法是正確的，例如有一些宗教家、哲學家、政治家，都會主張他們的思想和見解是最正確的，否定或貶抑別人的看法，使得抱持不同見解的人之間產生鬥爭、戰爭。

舉例來說，自古以來就有一些政治思想家，自己雖然沒有打仗、沒有殺人，可是在他們的思想中，卻教人用殺人、戰爭的方式來革命、奪權，由於這種思想的出現，蠱惑很多人的想法，便以為戰爭是對的，因此而讓人類受到很大的災難，這便是「見濁」最典型的例子。

其實，就算觀念、見解上沒有歧異，人類還是會互相鬥爭、互相殘殺。往往只是因為有了思想上的衝突，或受到某些思潮的鼓動，就會形成組織，以團體對團體的方式，發動具有殲滅性、毀滅性的戰爭，造成死傷無數、血流成河，這都屬於「見濁」。

一般人總是認為自己之所以會有煩惱，都是因為現實生活裡，自然環境、社會環境等人事物的不順利、不圓滿所造成的。實際上煩惱是源於自己的身心無法平衡，特別是心理觀念的不平衡，因此產生了貪、瞋、癡、慢、疑、嫉妒、怨恨等等的煩惱，既自害又害人，既自傷又傷人，這些痛苦就叫作「煩惱濁」。

不過，也不必害怕煩惱的生起，換個方向想，它也正是修行的入手處，或是以「人溺己溺，人飢己飢」的精神學習地藏菩薩，以發願來幫助煩惱的斷除。

「眾生濁」是說眾生總是生生滅滅，生滅不已，每一生都是在受報的過程中，又造作新的業，如此不斷地造業受報，始終在生死中來來去去，打滾、兜圈子非常地可憐，如果不靠佛法，就永遠無法超越。

「命濁」的命是壽命的意思，生命是非常脆弱的，隨時隨地都有可能死亡，沒有絕對的安全與保障，人們因為貪生而怕死，經常生活在恐懼之中，這就是「命濁」的事實和現象。

《十輪經》中提到，地藏菩薩非常慈悲，修行的功德早與佛等齊，卻選擇不住在清淨的佛國淨土之中，而發願永遠在五濁惡世，以及沒有佛出世的世界度眾生；而在沒有佛出世的世界度眾生是尤其困難的。

為什麼這麼說呢？以臺灣為例，五十餘年來，經過許多法師、居士努力弘法，使得今天凡是有法師或居士說法，都會有上百人乃至上千人去聽；有關佛教的書籍，也都可以有不錯的銷售，然而這樣的好成果，不是一天就能達到的。如果過去五十年間，沒有人從事弘揚佛法的工作，突然有一位法師講經說法，是不可能一下子就吸引幾百、幾千人來聽講。這就如同在有佛出世的世界度眾生比較容易，在無佛的世界度眾生就很難了。由此也可以體會到，專門在無佛世界度眾生的地藏菩薩，真是一位偉大的菩薩。

二、地藏無盡誓願

（地藏菩薩）曾於過去無量無數殑伽沙等佛世尊所，為欲成熟利益安樂諸有情故，發起大悲、堅固、難壞、勇猛、精進無盡誓願，由此大悲、堅固、難壞、勇猛、精進無盡誓願增上勢力，於一日夜、或一食頃，能度無量百千俱胝那庾多數諸有情類，皆令解脫種種憂苦，及令一切如法所求，意願滿足。

這段經文是釋迦牟尼佛介紹地藏菩薩所發的誓願，敘述發願的場景、原因及誓願內容。世尊說，地藏菩薩是在過去無量無數如同恆河沙那般多的佛面前，發下宏誓大願，以無比堅固的願力成熟、利益一切眾生，度一切有情，讓他們從種種煩惱憂苦中解脫，所求、所願皆能滿足。

每尊佛下生人間，都經過很長的時間，例如從釋迦牟尼佛出世，到下一尊彌勒佛成佛，要歷經五十七億六千萬年；若以我們所處的這個「賢劫」為例，共有一千尊佛要出世，但是到目前為止，也只有四尊佛出世——拘留孫佛、拘那含牟尼佛、迦葉佛、釋迦牟尼佛，還有九百九十六尊佛尚未出現。

正因為地藏菩薩在那麼多尊佛之前發了如此宏大的誓願，所以力量相當強，在一日一夜，或一頓飯的時間，就能夠度「百千俱胝那由他」（編案：原典中「那庾多」即為「那由他」）數量的眾生。

「俱胝」在印度是用來形容數量達千萬或億，「那由他」是千億或百萬的意思，「無量百千俱胝那由他」，是無量百千萬億、無法計算的意思。

而且，他不僅是度人，還要度盡六道中的眾生，在人度人、在天度天、在畜生度畜生、在餓鬼度餓鬼、在地獄度地獄。

地藏菩薩為什麼能在一日一夜之間，乃至於吃一頓飯的時間，就能度那麼多的眾生？因為他用的是分身、化身。在《地藏菩薩本願經》中即說到地藏菩薩出現在忉利天宮說法的會場時，有「百千萬億不可思不可議不可量不可說無量阿僧祇世界，所有地獄處分身地藏菩薩，俱來集在忉利天宮」。因為地藏菩薩發了大悲誓願，所以能化身或分身百千萬億身形，救拔一切苦難眾生。

經文中同時又說到，地藏菩薩能使一切「如法所求」的眾生，意願滿足。「如法所求」有兩層意思，第一是依循經典中所說的方式修持地藏法門；第二是如同所有經典所說，要在因果的原則下，祈求佛菩薩，佛菩薩就能夠讓我們滿願，若是所希望求得的動機和目的不合因果，地藏菩薩是不會助他如願滿足的。例如有人求地藏菩薩給他一個殺人劫財的便利，或希望求得「大家樂」的明牌，這些不如法的祈求，當然就不可能如願。

三、地藏菩薩尋聲救苦

地藏菩薩也像觀世音菩薩一樣能尋聲救苦，分身無量百千億來度脫所有一切眾生。度眾生，大致可分為兩類：第一類是為眾生消除種種災難障礙，第二類是幫助眾生得到善果的利益；也就是說一種是除障，另一種是生善，以這兩種方式幫助眾生離苦得樂。

就好比一個貧病交迫的人，應該一方面調養身體、安頓衣食，另一方面修學佛法，增長智慧，勤做義工行布施，增長福德，以此福慧雙修。

隨所在處，若諸有情，種種希求憂苦逼切，有能至心稱名念誦、歸敬供養地藏菩薩摩訶薩者，一切皆得如法所求，離諸憂苦，隨其所應，安置生天涅槃之道。

這段經文主要是說，如果有災難、苦難，只要誠懇稱誦地藏菩薩的名號，同時恭敬供養地藏菩薩，便能如法所求，離苦得樂。

「離諸憂苦」是指遠離一切的災難、苦難、障礙，身無病苦，心無煩惱，環境清淨和平，死後則能生天，甚至得解脫，進入涅槃。

此外，在《十輪經》中還提到了與眾生相關的種種苦難問題，地藏菩薩也針對這些問題，提出了對治解決的修行法門，前提就是要至心稱念、供養、歸敬地藏菩薩。

若諸有情，飢渴所逼……乏少種種衣服、寶飾、醫藥、床敷及諸資具……愛樂別離、怨憎合會……身心憂苦，眾病所惱……互相乖違，興諸鬪諍……若諸有情，閉在牢獄，杻械枷鎖，檢繫其身，具受眾苦，有能至心稱名、念誦、歸敬供養地藏菩薩摩訶薩者，一切皆得解脫……

經文中說到，如果有人受飢渴，沒有衣服穿，缺乏日常用品，沒有貴重的飾物，病痛缺乏醫藥，睡覺時沒有床鋪、被子，只要稱念地藏菩薩聖號，就能夠滿願。

如果有愛別離苦、怨憎會苦——必須與恩愛的人分離，所謂的生離死別；怨恨的人又常常見面，所謂的怨家路窄。有這兩種苦產生，也是要稱念地藏菩薩聖號，修地藏菩薩法門，就能夠免除這種痛苦。

心裡有憂愁苦惱，身體有各種病痛，或是人與人之間互相產生摩擦、彼此鬥爭，也應稱念地藏菩薩聖號。

經文中又說，如果有人被關在監牢裡，被各種刑具束縛著，例如手銬、腳鐐、枷鎖等加身，不自由、不自在，這個時候也應稱念地藏菩薩。對於這一點，很多人可能覺得很奇怪，如果稱念地藏菩薩後，關在監牢裡的人都能得到釋放，那犯罪、犯法的人，全部都不需要判刑了，因為判刑等於沒有判。

這可以由兩方面來解釋，第一種是冤獄，受到誤判，無法脫身者，可以稱念地藏菩薩，就能洗刷清白。另一種是真的犯了罪，正在受刑，這是應該受的，但心裡很痛苦，如果持誦地藏菩薩名號，就不會那麼痛苦了；或是本來要判重刑的，法官或司法單位，看他真心懺悔改過，可能給他一個機會，重罪輕罰，這也是念地藏菩薩有了悔過改善之心所帶來的結果。

另外，在這部經典中也說，如果一個人身心疲倦、氣力不足；生來殘障，諸根不具；或是心理不正常，有精神障礙的現象；或者被外來的鬼靈干擾，或者煩惱很重，包括貪欲、瞋恚、愚癡、憤恨、嫉妒、驕慢、邪見、睡眠、放逸、懷疑等；或是遇到水災、火災、風災、山崩、地震；以及遇到毒蛇、毒蟲、吃到毒藥，或害了種種疑難雜症；又或者遇到惡鬼，諸如夜叉、羅剎、惡獸、猛獸等，只要至心稱念地藏菩薩聖號，就能免除這些災難，這都是因為地藏菩薩的宏大悲願。

在此，要提醒大家，不要只是求地藏菩薩給我們消災免難，也要學地藏菩薩發大悲願，並照著去做，自己必會增長智慧與慈悲，也能夠持戒、修定、修慧，如此便能自利利人，也才能夠真正生天，得真解脫，早日成佛。否則僅僅是求現生的私利而念地藏菩薩的聖號，雖然也有用，但僅屬於自利信仰的層次，不是偉大究竟的地藏法門。

《地藏菩薩本願經》講記

《地藏菩薩本願經》是一般人最熟悉的一部地藏法門經典，不但文字優美、內容豐富，而且將地藏菩薩救度眾生的本誓願力和慈悲，介紹得非常清楚。

一、佛在忉利天宮為母說法

這部經典是說釋迦牟尼佛到忉利天宮為母親說法，而地藏菩薩也到了忉利天，因此釋迦牟尼佛就為同在忉利天聽法的會眾們介紹地藏菩薩。

根據經典記載，佛母摩耶夫人在釋迦牟尼佛降生之後沒幾天就往生了。其實摩耶夫人本身就是一位菩薩，她來到人間，是為了要迎接釋迦牟尼佛，藉著她的懷胎，誕生一位將來要成佛的太子——悉達多太子。這個功德很大，所以她在往生之後，很快就生到忉利天宮，享受天人的福報。

至於地藏菩薩為什麼也會有因緣來到忉利天宮？因為釋迦世尊到忉利天為母親說法，是為了盡一份孝道，而地藏菩薩在因地時，有兩世以上曾經是孝女，所以地藏菩薩也出現在忉利天釋迦牟尼佛說法的集會上。

「忉利天」位在欲界之中，欲界一共有六個天，由下而上依次是：四天王天、忉利天、須燄摩天、兜率陀天、化樂天及他化自在天。一般人認為生天就是得解脫，可是從佛法的立場來看，生天仍在三界之中，還沒有得到解脫。

二、地藏誓願與稱名功德

佛告文殊師利：吾以佛眼觀（此雲集海會之大眾數）故，猶不盡數。此皆是地藏菩薩久遠劫來，已度、當度、未度，已成就、當成就、未成就。

這段經文中講「已成就、當成就、未成就」，意思是說有的眾生雖然能夠生忉利天，但還沒有得解脫；其中也有一些從他方世界而來，或在我們地球世界已經證得阿羅漢果的人，那是已經成就的人。

在此法會上，佛告訴文殊師利菩薩，從十方無量國土聚集而來的聽眾實在非常多，他們都是與地藏菩薩因緣深厚，而受其度化的眾生，有的已經得度，有的正被度化，有的還沒有被度，有的已經得解脫了，有的還沒有得到解脫，有的則尚在解脫道上努力地修行。

（文殊師利菩薩問）地藏菩薩摩訶薩因地作何行、立何願，而能成就不思議事？

文殊師利菩薩接著就問世尊：「地藏菩薩在過去究竟是怎麼修行的？發了什麼願，而能夠成就這麼多的眾生呢？這實在是不可思議啊！」

為什麼文殊師利菩薩說「不可思議」？因為來到忉利天宮參加法會的眾生實在太多了、無量無數，多到連釋迦牟尼佛用他的佛眼，都沒有辦法看得清楚、數得完，而他們都是因為地藏菩薩而得度的眾生，所以說是不可思議。

（佛言）地藏菩薩證十地果位已來，千倍多於上喻……此菩薩威神誓願不可思議，若未來世，有善男子、善女人，聞是菩薩名字，或讚歎、或瞻禮、或稱名、或供養，乃至彩畫刻鏤塑漆形像，是人當得百返生於三十三天，永不墮惡道。

釋迦牟尼佛接著還是針對文殊師利的問題來回答，也等於是介紹地藏菩薩，在久遠以前，就已經是十地菩薩，被他所度的眾生數量，要比這次在忉利天宮法會上所出席的會眾，還要多上千倍。接下來世尊又指出，只要能修持地藏法門，就能夠生到三十三天去，而且永不墮惡道。

一般人在生天後，一旦人天福報享盡還是會墮於人間，或墮入三惡道，所謂三惡道就是地獄、餓鬼、畜生三道。但是只要修持地藏法門，便可保證永遠不再生於三惡道；並且能夠在三十三天出生一百次，之後離開娑婆世界的六道輪迴，得到解脫。

至於地藏法門是什麼呢？又要怎麼修？經文說，只要在聽到地藏菩薩的聖號，能讚歎、瞻禮、稱名、供養。「讚歎」的意思，是說當聽到地藏菩薩的名字，便稱讚他的慈悲願力，能讓我們眾生得到救濟，頌揚地藏菩薩實在是世間的明燈、娑婆的慈航等，這都是讚歎。

「瞻」和「禮」可以說是同一件事，但若嚴格區分，也可說是兩回事。瞻是瞻仰，在地藏菩薩的形像前，我們很虔誠地瞻仰，「禮」則是禮拜地藏菩薩的形像。另外，對著地藏菩薩的聖像合掌、問訊、低頭，這也叫作瞻禮。

「稱名」就是稱誦地藏菩薩的聖號，可以稱「南無地藏王菩薩」，或「南無大願地藏王菩薩」，或只稱「地藏菩薩」。

「供養」則是拿我們吃的、穿的、用的等種種來供養。實際上，菩薩並不需要我們的供養，而是我們需要以虔誠恭敬的心，拿出自己認為最珍貴、重要的東西來供養，而且供養之後，還要把它們布施出去。

「彩畫」是指用五彩或七彩的顏色，描繪地藏菩薩的形像，或是用木頭雕刻，用泥、陶等材質來捏塑地藏菩薩像。

過去因為印刷業不發達，要得到佛像很難，現在印刷技術很普及，佛像的印送十分方便，有時候甚至過於大量。所以，現在我主張印製要適量，否則大家不知珍惜，到最後變成廢紙，不但失敬、浪費，也不符合環保。

三、度盡眾生方成佛道

接著說明地藏菩薩的特出之處，在他所發的誓願中，明白指出自己要在度盡眾生後，才願意成佛道，這是其他菩薩所不能及的。一般菩薩都希望先成佛再來度眾生，或是一邊度眾生，一邊成就佛道，而地藏菩薩則要把所有一切眾生度盡了，他才成佛。

是地藏菩薩摩訶薩於過去久遠不可說不可說劫前，身為大長者子，時世有佛，號曰師子奮迅具足萬行如來，時長者子見佛相好，千福莊嚴，因問彼佛作何行願，而得此相，時師子奮迅具足萬行如來告長者子：「欲證此身，當須久遠度脫一切受苦眾生。」文殊師利，時長者子，因發願言：「我今盡未來際不可計劫，為是罪苦六道眾生，廣設方便，盡令解脫，而我自身，方成佛道。」以是於彼佛前立斯大願，于今百千萬億那由他不可說劫，尚為菩薩。

這段經文非常重要，它點出了地藏菩薩為什麼在久遠以前，早已是十地果位的菩薩，卻到現在還沒有成佛。釋迦牟尼佛解釋，在過去久遠劫以前，當時地藏菩薩是一位有聲望、有錢人家的兒子，也就是「大長者子」，看到師子奮迅具足萬行如來的法相莊嚴，於是就問這麼莊嚴的佛相是如何得來？

萬行如來告訴地藏菩薩：「想要得到這樣莊嚴的身相，應該要發願，於久遠劫，廣度一切受苦的眾生。」於是這位長者子就發了這麼一個願：「所有的眾生成了佛之後，自己才成佛。」

四、孝女度母因緣

接著經文介紹了地藏菩薩在過去世中曾經化身為孝女的因緣。

地藏菩薩在過去不可思議阿僧祇劫，覺華定自在王如來的像法時代中，曾經是婆羅門階級的一位孝女，她的母親死後墮入地獄，這位孝女變賣家產，買了香花和許多供品，來供養覺華定自在王如來的舍利塔，因此得以見到佛的形像。她一見到佛，就撲倒在地，哀求覺華定自在王佛，佛就告訴她：「妳供養之後，早一點回去，在家裡端正坐著，持念我的名號。」

她照著佛所說的去做，經過一日一夜，忽然見到自己的身體來到地獄，見到一位名叫無毒的鬼王告訴她：「妳的母親已經生天三日了，這是由於孝女供佛的功德。」並且又說：「不僅僅是妳母親從地獄得解脫，所有在無間地獄裡的罪人，在這一天也都同時感到快樂，如同一起離開地獄，生到人間天上去一樣。」

五、光目女發大願度脫其母

還有一段經文，講述的也是地藏菩薩過去生中化身為孝女的故事。

在過去無量阿僧祇劫有一尊佛出世，名叫清淨蓮華目如來，在他的像法時代，有一位福度眾生的羅漢，遇到一位名叫光目的女人，她用食物來供養這位羅漢。因為她的母親過世了，所以希望以供養阿羅漢的功德，來救度她的母親。於是這位羅漢教光目一個方法，他說：「妳可以用至誠的心，稱念清淨蓮華目如來的名號，並且雕塑、繪畫他的形像，如此不但妳自己得到利益，妳的母親也會因此得到福報。」

光目女照著他的話去做，她的母親因而得以離開惡道，轉生到她的家中，成為她家中一位女傭的兒子。這個小孩出生就會講話，他告訴光目女：「我因為在生時，有殺害眾生、毀罵他人的過失，因此要受此果報。雖然，現在承蒙妳供佛功德，轉生為人，但仍然是一個下賤的人；而且到了十三歲便會死，死了之後又要墮入地獄。」

光目女聽了她母親這番話以後，感到非常難過，因此就對著空中，向著清淨蓮華目如來發願，為了能救拔母親，她願意永遠度脫所有三惡道眾生，等全部的眾生都成了佛，她才成佛。這也是大家所熟悉：「眾生度盡，方證菩提；地獄未空，誓不成佛。」這兩句話的來由。

由於地藏菩薩是因為孝順母親而發了大願心，也就是以孝女身而發願度盡眾生；因此在中國，農曆七月份地藏菩薩生日，民眾除了祭拜祖先，或參加與地藏菩薩相關的法會，同時為了表示孝道孝心，也都會誦念《地藏經》。

六、一王發願永度眾生

經文中敘述在很久很久以前，有一尊佛叫作一切智成就如來，這尊佛在還沒有出家的時候，是一位國王，與鄰國的國王是很好的朋友，當時這位國王發願：「希望早日成佛，然後再來度這些造惡的眾生。」可是，鄰國的國王卻發不同的願，他發願要去度盡一切的罪苦眾生，自己才成佛，這位國王便是地藏菩薩。所以，當一切智成就如來早已成了佛，而地藏菩薩到現在都還沒有成佛，這樣的慈悲胸懷真的是非常偉大。

七、病亡讀經利益

經文中說到念誦《地藏經》的利益，是不可思議的。

經文中說，凡是家中有人生病，臨命終時，或已經往生，應該為他念《地藏經》、供地藏像，修布施、做供養，乃至在七天之中，為他稱念地藏菩薩的名號滿一萬遍，便能夠使他在往後千萬生中，都能出生在尊貴人家。

又如果每逢十齋日時，都能夠念誦《地藏經》一遍，則現世的家庭中，便不會有種種的橫禍或災病，同時保佑家裡衣食豐足。所謂十齋日，也有人說是六齋日，也就是在一個月之中，有六天或十天持守八關齋戒。

甚至只是聽到《地藏經》中三個字、五個字或一個偈子、句子，現生就能得到安樂，將來百千萬生之中，都會出生在富貴人家，而且相貌端正。

經中也提到，若由自己念誦《地藏經》，其中七分功德都是由自己所得，如果自己沒有辦法念，請他人念，再迴向給自己，則讀經的人可以得到其中的六分功德，而被超度、受迴向的人，只能得到七分之一的功德。

所以，當自己身體健康、還能誦經、持念的時候，最好是自己誦讀，每一分功德都是自己得到。有些人非常愚癡，父母過世了，自己不念經，反而出錢請人替他念經，這是非常不划算的，因為《地藏經》不純粹是為了超度亡者。

結論

地藏菩薩的大願法門，是一個非常難得的法門，如果還沒有固定修行法門的人，可以修地藏法門，因為它非常容易修持，只要供養、布施、讚歎、禮拜，以及誦經、持名，這些人人都做得到；而且這一法門可以使我們現生得到很多利益，最後一定能夠成佛。

最後，期許大眾都來學習地藏菩薩的精神，修行地藏菩薩的法門，也能一起分享地藏菩薩的功德。

（一九九五年七月九至十一日講於北投農禪寺）

參、〈普賢菩薩行願讚〉講記

前言

一、普賢行願在《華嚴經》中的地位

一般所講所誦有關普賢菩薩的經典，多半是採用〈普賢行願品〉，在唐德宗貞元年間（西元七八五—八〇五年）般若三藏所譯四十卷本的《華嚴經》，全名叫作《大方廣佛華嚴經入不思議解脫境界普賢行願品》，通常單行流傳的〈普賢行願品〉（以下略稱〈行願品〉），是四十卷本的最後一卷。

《華嚴經》另有兩種譯本，在東晉佛馱跋陀羅三藏所譯六十卷本《華嚴經》中，第三十三卷有〈普賢菩薩行品〉；唐朝則天武后聖曆年間（西元六九八—七〇〇年）實叉難陀譯八十卷本的第四十九卷也有〈普賢行品〉。

可見，三種譯本的《華嚴經》，都有這一品，唯獨四十卷本的〈行願品〉中，加添了十條願文，其他兩譯則未見所謂「十大願王」的條文；四十卷本〈行願品〉

的內容，與六十卷本及八十卷本的〈普賢行品〉並不相同，甚至可說完全不同。

現在我要講的〈普賢菩薩行願讚〉（以下略稱〈行願讚〉），是由唐朝的不空三藏譯出，此與以上三種《華嚴經》的譯本之譯出年代比較，晚於佛馱跋陀羅三藏及實叉難陀譯本，而又略早於般若三藏的譯本。

〈行願讚〉的內容，跟六十卷本及八十卷本《華嚴經》的〈普賢行品〉固然不同，也與四十卷本《華嚴經》的〈行願品〉略異，〈行願讚〉中具有四十卷本的〈行願品〉所舉十大願王的內容之外，尚有〈行願品〉所缺的內容。

〈行願讚〉除了與四十卷本〈行願品〉所舉十大願有相同處外，也有另外一種內容幾乎相同而經名不同、譯者也不同的譯本，那就是東晉佛馱跋陀羅譯的《文殊師利發願經》一卷，五字一句，四句一頌，共四十四頌，與七字一句共六十二頌的〈行願讚〉，同被收於《大正藏》第十冊。

普賢菩薩在《華嚴經》中的地位極其重要，若舉晉譯六十卷本而言，共分七處、八會、三十四品，在八會之中的第一會、第六會、第七會、第八會都有普賢菩薩；在三十四品之中的第二〈盧舍那佛品〉、第二十三〈十明品〉、第二十四〈十忍品〉、第二十九〈如來相海品〉、第三十一〈普賢菩薩行品〉、第三十二〈寶王如來性起品〉、第三十三〈離世間品〉、第三十四〈入法界品〉，計有八品皆由普賢菩薩擔任及扮演重要的角色。

文殊菩薩在《華嚴經》中雖極重要，但在八會之中僅見於兩會，三十四品之中僅見於六品，那是第二會的〈如來名號品〉、〈四諦品〉、〈如來光明覺品〉、〈菩薩明難品〉、〈淨行品〉，第八會的〈入法界品〉。相形之下，不及普賢菩薩顯得更重要，無怪乎四十卷本的《華嚴經》全經別稱即是《普賢行願品》。《華嚴經》的經旨，在於發明成佛道的因緣果報，所謂「因該果海，果徹因源」，而普賢菩薩的身分立場，便是代表著修因、契果、生解，由菩薩因行而證入佛果法界的一位大導師。

《華嚴經》在諸大乘經中，除了六百卷的《大般若經》之外，是部帙最大的一部，在中國的天台宗及華嚴宗，都將之判為圓教，也就是圓滿的大教，尤其是華嚴宗，即依此經為根本教典。普賢行願，是《華嚴經》的重要部分，現在所講的〈行願讚〉雖是《華嚴經》的別行異譯，但其內容，的確就是《華嚴經》的普賢行願，而且相當豐富，可以看作是《華嚴經》的心要。

二、普賢菩薩在佛法中的地位

除了《華嚴經》特別重視普賢菩薩之外，另一部天台宗的根本經典《法華經》三種譯本，均有〈普賢菩薩品〉。同時，天台宗又主張有「法華三部經」之說，就是：1.《無量義經》，2.《法華經》，3.《普賢觀經》。以《無量義經》為《法華經》的「開經」，以《普賢觀經》為《法華經》的「結經」。也就是說，不僅在《法華經》的第二十八品是〈普賢菩薩勸發品〉，另外還有一部由劉宋曇無蜜多異譯別行的《佛說觀普賢菩薩行法經》；這一部經的任務，是指出如何修行法華三昧的懺悔法門。由此可知，不僅《華嚴經》的實修實證重視普賢行，《法華經》的修證也重視普賢行。

依據《佛說觀普賢菩薩行法經》所介紹的普賢菩薩：「乃生東方，淨妙國土」，「身量無邊，音聲無邊，色像無邊」，要經諸佛國土，來到我們這個世界，以智慧力，化乘六牙白象，象身高大；在《法華經》的〈普賢菩薩勸發品〉中也有類似的記載；在《楞嚴經》卷五，也說到普賢菩薩「乘六牙象，分身百千，皆至其處……擁護安慰，令其成就」。

普賢菩薩的梵文「三曼陀跋陀羅」（Samantabhadra），又被譯為「遍吉」，也有一部《三曼陀跋陀羅菩薩經》。他是一位具足無量行願而普遍示現於諸佛剎土的一位大菩薩，所以在《華嚴經》中說，普賢菩薩的身體，猶如虛空，三世諸佛的法身，也都是普賢的法身，他可以普應十方而做一切方便，所以十方三世諸佛的應化身，也是普賢的應化身。因此《大智度論》云：普賢不必說其住處，是應一切世界，而住其中。

在我們這個世界，普賢及文殊二尊菩薩，常被相提並論，《華嚴經》中以這二位菩薩為貫徹佛道因果的大善知識；《悲華經》卷四說，普賢菩薩是阿彌陀佛因地之時無諍念王的第八子，故將普賢菩薩當作佛的因位來看，重點在於普賢的無量行願，即是成佛的要因。

至於普賢菩薩與中國四川省峨嵋山的因緣，傳說始於漢明帝時代，那是把晉譯《華嚴經．菩薩住處品》所說西南方的樹提光明山，現有菩薩名曰賢首，常為三千菩薩眷屬說法，牽強附會地解釋成了普賢菩薩的道場。

〈普賢菩薩行願讚〉講記

〈普賢菩薩行願讚〉共有六十二頌二百四十八句。本來在印度佛經的文字體裁，有十二種，稱為十二部經，或十二分經，其中有「孤起頌」及「重頌」。散文之後，以韻文表達，稱為重頌；僅以一個單獨四句的韻文表達，稱為孤頌，又名為偈頌。至於「讚」，梵文稱為戍怛羅（stotra），是以偈頌體裁的文字，讚歎佛、法、僧三寶的行業或功德者。

〈普賢菩薩行願讚〉，顧名思義，是用偈頌體的文字，來讚歎普賢菩薩大行大願的。

「普賢」是菩薩的名號；「菩薩」是「覺悟的有情眾生」，又譯為「大道心眾生」，是用佛法來自利以斷自身的生死等煩惱，也用佛法來救濟眾生以斷眾生的生死等煩惱，就能被稱為菩薩。

「行」是照著佛法所示的菩提道或菩薩行來實踐。「願」是發起上求無上佛道，下度無邊眾生的心願。諸佛菩薩在因地修行時，必須要發成佛的大願，名為發起大菩提心。「願」有通願及別願，例如〈四弘誓願〉，以及《華嚴經・淨行品》文殊菩薩開示一百四十一願，乃是一切諸佛菩薩在因地必發的「通願」；至於阿彌陀佛的四十八願、藥師佛的十二大願、普賢菩薩的十大願則都是「別願」。

總之，難行能行，修學萬善萬行的大菩薩行，稱為「大行」；發起莊嚴國土成就眾生的大弘誓願，稱為「大願」。諸願之中以普賢菩薩的十大願為最尊貴，所以被稱為「普賢願王」。

以下進入讚偈頌文逐段逐條的講解，全文主要在於讚歎十大願王，以及鼓勵後學菩薩應當修學普賢行願。至於十大願王的前後次第，則與〈行願品〉的排列，略有出入，對於每願的讚頌，也有長短多少不等。除了〈行願品〉的十願之外，此讚也加入了《華嚴經》別處所見的普賢菩薩十力與七海。

一、「禮敬諸佛」讚

所有十方世界中，一切三世人師子，

我今禮彼盡無餘，皆以清淨身口意。

此四句話的意思是說：我對於十方世界的三世的每一尊佛，毫無遺漏疏忽地，都以清淨的身、口、意三業，來向他們禮拜致敬。

「十方」、「三世」是佛的宇宙觀。空間的無邊廣大，是向十個方位作無盡的延伸；時間的無限長久，是向過去、現在、未來的三個時段作無窮的延伸。在這十方三世的無限宇宙之中，所有一切國土的一切諸佛，比無盡無數的恆河沙數還多，「我」都必須不厭其煩地、普遍而持續地對他們禮敬。

一般人只知禮敬現在佛及已成的佛，普賢菩薩則不論是眼前或他方佛，不論是已成的佛或未來的佛，都會禮敬。

「師子」即是「獅子」，乃是百獸之王，獅子一吼百獸皆驚。諸佛說法，百邪皆避，眾迷皆醒，萬毒皆除，諸惡匿跡，所以形容為「人中獅子」作大怒吼。做為一名菩薩道的修行者，對於諸佛的功德，必須恭敬禮拜：一是為感恩教化功德，二是為自勉見賢思齊，三則是為祈求垂憫護念。

通常的禮節或禮儀，僅由身體及口頭的行為來表達，做為佛法的修行而言，禮敬的事實，必須具備身儀、口儀、心儀；以至誠心及恭敬心，再加上身、口兩種行為，方得成為完整的禮敬。而且，不與十惡業道的「殺、盜、淫、妄語、兩舌、惡口、綺語、貪、瞋、不正見」相應，故說，要以「清淨」的「身、口、意」三業來禮敬諸佛，才算是普賢行願。

身如剎土微塵數，一切如來我悉禮，
皆以心意對諸佛，以此普賢行願力。

此四句的意思是說：儘管諸佛的身體之多，多如恆沙國土的微塵之數，我對如此眾多的如來（佛），都會盡我的心意，一一地禮拜致敬，這是由於普賢行願之力的緣故。

依據《華嚴經》的佛身觀及佛土觀，十方三世有無量無數的佛，及其各自功德所成的佛國淨土，其中的每一尊佛都具備無量無數的身體，以及無量無數的佛土。普賢菩薩的身體也有百千萬億無量無數，所以能夠於同一時地，不動本身而至十方三世，遍禮盡禮一切諸佛。那是因為普賢菩薩已經獲得心意清淨，運用無礙，願力所至，便能以無量無數身，遍禮盡禮無量無數佛；他已不必顯現神通，不必以分身前往諸佛國土，但有心意禮敬諸佛，他便是在諸佛跟前恭敬禮拜。

於一塵端如塵佛，諸佛佛子坐其中，
如是法界盡無餘，我信諸佛悉充滿。

這四句話的意思是說：例如在一粒微塵的任何一個突出點上，都有如微塵數量的諸佛，諸佛及佛的弟子們都坐在其中，說法聞法；像這樣的十方世界，每一世界的每一微塵的任何一個突出點上，我相信都充滿了無量無數的微塵數諸佛，我對如此多的一切諸佛，一一遍禮，一一盡禮，不缺不少。

這是華嚴境界的重重無盡法門，也是普賢菩薩不可思議的心量所現。

二、「稱讚如來」讚

於彼無盡功德海，以諸音聲功德海，

闡揚如來功德時，我常讚歎諸善逝。

這四句話的意思是說：十方三世一切佛的每一尊佛，均有如大海那樣深廣的無盡功德，菩薩當以無量的言語、音聲來闡揚如來的功德，所以我普賢菩薩經常讚歎諸佛。

《華嚴經》的數量觀，一定不是我們凡夫心量知見所能理解衡量，所以用如「海」的無邊深廣，形容諸佛的大功德，又用「無盡」數量的大海，形容諸佛功德之大而且多。

凡夫只能用一張嘴巴發出讚佛的語言和音聲，普賢菩薩則能以無數不同的聲音，像無數大海潮音那樣的功能，一同且經常讚歎諸佛的功德。

什麼是諸佛的功德，大約可分三類：1.恩德——諸佛如來，乘大願力，救度一切眾生故；2.斷德——諸佛如來已除一切煩惱，無所餘遺故；3.智德——諸佛如來以平等的智慧，照一切諸法，無障無礙故。三德之中的每一功德，均含無量功德，故名「功德海」。

諸佛如來的功德，並不需要我們讚歎。我們修行佛道的發心菩薩，為了「闡揚」諸佛如來的功德，用以鼓勵眾生信佛學佛，所以要讚歎；為了督促自己努力修行菩薩道，必須闡揚佛的功德，讚歎佛的功德。

佛有十種名號，以表其功德，用作接受眾生的闡揚與讚歎；「如來」、「善逝」、「佛」及「世尊」等，是經常在經律論三藏聖典中出現的稱號。

三、「廣修供養」讚

以勝花鬘及塗香，及以伎樂勝傘蓋，
一切嚴具皆殊勝，我悉供養諸如來。

此四句的意思是：勝妙的花鬘，塗抹的香油、香膏、香水，表演的伎藝、音樂，以及張掛的寶傘、寶蓋等一切美好莊嚴的物品，我都毫不吝惜地盡其所有地供養諸佛如來。

「花鬘」是用鮮花串成，或用錦緞結成，或用珠寶串成的頭飾、胸飾、衣飾，乃至臂飾、手飾、腳飾等物品。「香」在印度有燒香、末香、塗香，塗香是給尊貴的人物塗身、塗手、塗腳用的，特別是塗腳、禮足，是表示最高的恭敬供養。「伎樂」是歡樂及讚歎，大乘經典中，均有八部神王中的伎樂天，如敦煌壁畫中的飛天，及各種「經變」圖中的伎樂菩薩，如《維摩經》中的天女散花，都是表現出伎樂供養的觀念。「傘蓋」本是給貴人遮面、防曬、擋風的生活用具，轉變成為顯示高貴華美的莊嚴供具。

諸佛的功德，究竟圓滿，事實上已經無需這些供養品。對於做為修行菩薩道的人來說，向上宜廣修供養，向平輩宜多結善緣，向下宜常做布施，一則為報四重恩德，二則為捨慳貪吝嗇，三則為增福德智慧。諸佛無需物質莊嚴，是為了著相眾生需見莊嚴景象，何況諸佛也可以用這些供品，轉為布施，與眾生結緣。

以勝衣服及諸香，末香積聚如須彌，
殊勝燈明及燒香，我悉供養諸如來。

此四句的意思是說：用上妙的衣服，各種的香，多得像須彌山那般的末香及燒香，以及最好的照明燈具，我普賢菩薩都用來供養諸佛。

對於僧眾的供養共有四事：1.衣，2.食，3.臥具，4.醫藥。

對於諸佛的供養有十事：1.香，2.花，3.燈，4.塗，5.果，6.茶，7.食，8.寶，9.珠，10.衣。

供僧的是日常生活必需用品，供佛的物品則莊嚴的意義大於實用的意義，且為了大眾而莊嚴的意義，大於諸佛自用的意義。佛為化度眾生，眾生著相，所以必須嚴淨國土環境，莊嚴身相服飾。

此處的「勝衣服」是指質地高貴的衣料及服裝，一般比丘，用割截而且壞色的三衣，名為功德福田衣，佛則可受高級衣料加上金箔鑲嵌的正色金縷衣。

「香」的種類繁多，液體油質的香水、香油、香脂等稱為塗香，主要用以淨身；粉狀的「末香」，主要用以淨地、消毒、驅蟲；柴質木料的「燒香」如旃檀香，主要是用以清潔空氣、驅除濁氣，也有安神靜心的功能。

「須彌山」是古印度傳說中的一座大山，譯名妙高山，它是世界的中心，向下入水八萬由旬，向上直通三十三天，四周的山腰有四大部洲圍繞，地球乃其南邊的南贍部洲。普賢菩薩願用堆成一座多如須彌山那樣的末香，來供養諸佛，在於形容他的供養心量，是持久而無限的。

所有無上廣大供，我悉勝解諸如來，
以普賢行勝解力，我禮供養諸如來。

此四句的意思是說：如上所舉最好、最多、最殊勝的無量廣大供品，但是據我普賢菩薩對於諸佛的理解，最好是以普賢行願所理解的佛法，做為禮敬供養諸佛如來，乃是最上的供養。

故在〈行願品〉中要說：「諸供養中，法供養最。」何謂法供養？是指：1.利益眾生，2.攝受眾生，3.代眾生受苦，4.勤修善根，5.不捨菩薩業，6.不離菩提心。

若以前舉各種物品莊嚴的供養功德，與此等法供養功德比較，乃至不及一念功德。由於諸佛如來尊重佛法，宜依如佛所說的妙法，照著實踐，即能出生諸佛，故云：「如是修行，是真供養。」是「廣大最勝供養」。

布施供養，功德無量。上上人深契佛法，所以以法布施，以法供養；中下人，少契法義，或尚未契法義，正在入門階段者，當以財物布施，當用四事供僧，十事供佛。

四、「懺悔業障」讚

我曾所作眾罪業，皆由貪欲瞋恚癡，
由身口意亦如是，我皆陳說於一切。

此四句的意思是說：我們自從無始生死的往昔以來，作了不知多少罪業，那都是由於心中的煩惱三毒——貪欲、瞋恚、愚癡等為動因，再透過身、口、意的三種行為作媒介；現在我要請求諸佛如來證明，我願全部承認，徹底懺悔，痛改前非。

「業不重不生娑婆，障不重不為凡夫。」我們在今生今世，就造了不知多少大大小小的罪業，何況從無始生死以來的每一生中，都曾造過不少罪業。

經典中也說，凡夫於「舉心動念」之間「無非是業，無非是罪」。無怪乎普賢菩薩在〈行願品〉中要告誡我們：「懺悔業障。」

「罪業」是指造作了惡業，必須定罪受報。所以造作了惡業，便是造了罪業；因為造了惡業，依其輕重類別，便會隨業接受罪苦的果報，障礙我們轉生為善道，障礙我們親近三寶，障礙我們修學佛法，也障礙我們解脫煩惱，永淪生死苦海，所以名為業障。

所謂「業障」，是指我們由於煩惱的根本——貪、瞋、癡三毒帶動身、口、意三業，形成造作的事實。

所謂「惡業」，是指造作五逆與十不善業道；五逆罪比較不容易犯，十不善業道的罪行，則稍微疏忽就可能犯了。

因此，〈行願品〉要勸勉我們於遍法界一切諸佛如來菩薩眾前，「誠心懺悔，後不復造，恆住淨戒，一切功德。」「念念相續，無有間斷。」

懺悔的功能在於改過自新，勇於認罪，勇於面對罪過的責任，勇於改進過失的錯誤，而且要不斷地懺悔；縱然前念懺悔，後念又造惡業，若能經常懺悔，造罪的機率便愈來愈少，終至於成為三業清淨的大菩薩了。

五、「隨喜功德」讚

所有十方群生福，有學無學辟支佛，
及諸佛子諸如來，我皆隨喜咸一切。

此四句的意思是說：此十方的一切眾生，各修各的福業，各享各的福報；十方世界的一切聲聞、獨覺等小乘聖者，各修各的福德智慧，各享各的福德智慧；十方世界的一切大乘菩薩及一切諸佛，各修各的福德智慧，各有各的福德智慧。凡是這些，無論是凡夫、聖者，無論是小乘、大乘，我對他們的功德，無不一一隨喜。

「隨喜」是他人有福有德，不論是誰，不論多少，雖不是我自己的功德，我也一律感同身受，心生歡喜。通常人只能為自己的幸福感到歡喜，也多半能為自己家人的幸福感到歡喜，能為親近的親友家的幸福感到歡喜；但對於陌生人的幸福，則未必覺得歡喜；甚至有人因為幸福的是他而不是我，不論他是外人或家人，很容易引起自己的妒嫉，便丟出一句酸溜溜的話來：「那有什麼了不起的。」

如果你是發了菩提心的菩薩行者，是會把一切人，乃至一切眾生的幸福當作自己的幸福了，見到他人有福，就等於自己有福；雖然自己的能力不足，無法為眾生提供多少福利，但若有他人能為眾生營福，不論是誰，不論多少，都該心生歡喜。能夠見聞作福隨喜的人，能夠見聞得福隨喜的人，一定也是一位有福報、有智慧的人。

此處的「有學、無學」是指小乘的聖者，小乘聖者分為兩類：

（一）聲聞聖者是聞佛說法，而得聖道的人，分為四等，名為四果，其中初果、二果、三果位的聖者，因為尚未出離三界生死，但已將要出離三界生死海，所以名為「有學」聖者；第四果阿羅漢，便是「所作已辦，不受後有」，已得解脫三界生死海，所以名為「無學」聖者。

（二）辟支佛，又譯為獨覺，是未聞諸佛說法，自悟十二因緣，解脫三界生死煩惱的聖者。根據《成實論》及《俱舍論》所載，各有「有學十八人」的說法，雖此二論所列名目略異，但主張有學聖者經十八個位次的果位，則是相同。

至於「無學」的定義，僅指阿羅漢，稱為「無學果」或「無學道」，煩惱斷盡，已無事可學。戒、定、慧合稱為三無漏學，在有學位中，煩惱未盡，故仍須學。

「佛子」，本來是三寶弟子或是佛教徒的通稱，若依大乘法門，唯有入如來家、乘如來願、發了無上菩提心、受了菩薩戒的菩薩，始得名為佛子。此處所指的「諸佛子」，因與「諸如來」連用，諸佛子當然就是諸菩薩眾的意思。

可見普賢菩薩所示的隨喜功德，是不論凡聖的，不論多少的，正如〈行願品〉所說，上從「十方三世一切佛剎極微塵數諸佛如來」的一切功德，下至「六趣四生，一切種類，所有功德，乃至一塵，我皆隨喜」。做大善事有大功德，當然可喜；不做惡事，做小功德，亦當隨喜。

六、「請轉法輪」讚

所有十方世間燈，以證菩提得無染，
我今勸請諸世尊，轉於無上妙法輪。

意思是說：所有的佛法，都是世間昏暗中的明燈，能讓眾生的心靈無染，親證無上菩提，我今勸請諸佛世尊，轉動無上的法輪吧！

以演說佛法譬喻成「轉法輪」，有二層意思：

（一）佛法如同運載眾生從茫茫苦海到解脫彼岸的交通工具；說法，就如轉動這種交通工具的輪子，使得登上這種交通工具的眾生，離生死苦，得解脫樂。

（二）「輪」是古印度傳說中轉輪聖王擁有的兵器，稱為「輪寶」，輪王出巡四方時，必有輪寶為前導，能敵一切兵器，威力無比，所向披靡，兵不血刃，戰勝諸國。因此用作譬喻諸佛說法，是說的無常、無我，緣起性空，能破一切眾生的煩惱執著，故稱為轉法輪。

「請轉法輪」也有二義：

（一）釋迦世尊初成正覺，魔王勸他進入涅槃，梵天王則勸請世尊說法度眾生，若非梵天請法，人間便無佛法了。

（二）「普賢行願」的請佛轉法輪，正如諸大乘經中，佛陀說法，多是由菩薩弟子代表大眾請法，以表敬法求法，尊重佛法。

以「世間燈」喻佛法的功能，猶如世間的明燈；世間即是凡夫的時空世界、宇宙環境。眾生癡迷，醉生夢死，如處於漫漫的黑夜，佛法的啟示，振聾發聵、覺迷破暗，故謂之「明燈」。

用佛所說的法燈，讓眾生轉迷成悟，親自體驗清淨無染的菩提道心，就是勸請諸佛，轉妙法輪的原因。普賢菩薩為了無邊眾生皆得佛法的利益，不僅勸請一佛於一時說法，乃如〈行願品〉所說：「十方三世一切佛剎極微塵中，一一各有不可說不可說佛剎極微塵數廣大佛剎，一一剎中，念念有不可說不可說佛剎極微塵數一切諸佛成等正覺，一切菩薩海會圍遶，而我悉以身口意業，種種方便，殷勤勸請，轉妙法輪。」

七、「請佛住世」讚

所有欲現涅槃者，我皆於彼合掌請，
唯願久住剎塵劫，為諸群生利安樂。

此頌的意思是：所有一切諸佛欲現涅槃相時，我普賢菩薩都會前去向他們合掌勸請，為了利樂更多更多的眾生，唯願每一尊佛，都能永住世間，不入涅槃，這是為了悲憫眾生。

諸佛都是人天導師，四生慈父，有佛住世，乃是眾生之福。普賢菩薩要我們也都學他一樣，不僅勸請諸佛莫入涅槃，也要勸請大小乘的一切賢者聖者、諸善知識，常住世間饒益眾生。

諸佛「久住」，有三義：

（一）諸佛神力應化身，隨時出現，隨處出現，接引緣熟眾生。

（二）諸佛願力所成身，例如西方阿彌陀佛，號為無量壽佛，成佛以來已經十劫，尚能住世無量劫；又如《法華經》所說釋迦世尊，常住靈山淨土。

（三）諸佛自在功德身，豎窮三際，橫遍十方，常在遍在。

諸佛住世的時日暫久，眾生無法測知，為了佛世難值，佛法難聞，使得眾生生起稀有難得的難遭遇想，故當不忍諸佛涅槃。

雖然釋迦世尊的色身，早在距今的二千五百多年前已經涅槃，我們還在請佛久住。因為佛曾一再告誡弟子們：「僧當依法住，依律住。」又說，戒律的毘尼住世，「能令正法久住」，僧在、律在、法在，等於佛在。所以在佛世時要請佛久住，佛滅後也要請佛久住。

八、「功德迴向」讚

禮拜供養及陳罪，隨喜功德及勸請，
我所積集諸功德，悉皆迴向於菩提。

此頌是說：願以以上所修的禮敬、稱讚、供養、懺悔、隨喜、勸請等諸功德，都用來做為迴向無上菩提的資糧。

「迴向」的層次有四：1.迴己向他，2.迴凡向聖，3.迴小向大，4.迴一切功德向無上菩提。

這四個層次，後後勝於前前，後後涵蓋前前，所以，如果能迴向無上菩提，一定是捨小乘而取大乘，捨凡塵而取聖境，捨利己而為利他，讚中所言「悉皆迴向於菩提」，乃是最高最好的功德迴向。

迴向，在凡夫層次，有與他人分享的意思，把自己所擁有的功德、成就，不論有形的、無形的，物質的、精神的，都願意與人共享。更進一步的聖者層次，是把全部的功德，奉獻給他人乃至一切眾生，怨親平等；不為什麼，只為發了無上菩提道心，也願一切眾生都能由於我們自己的奉獻而亦發起無上菩提道心，這便是「不為自己求安樂，但願眾生得離苦」的菩薩行。

九、「學佛迴向」讚

於諸如來我修學，圓滿普賢行願時，
願我供養過去佛，所有現住十方世；
所有未來速願成，意願圓滿證菩提，
所有十方諸剎土，願皆廣大咸清淨。

這是繼續以上「迴向於菩提」而說的八句頌文，意思是發了無上菩提心，應該繼續要做的事很多。要於一切如來處，修學無量法門的佛法，直到普賢行願圓滿之時，也永不休止。在未圓滿普賢行願之前，我已供養過去一切諸佛，正在供養現住十方世界的一切諸佛，並願未來一切諸佛早日成佛，好讓我供養的大願速疾圓滿。祈願三世諸佛都成了佛，十方一切國土，也都成了廣大清淨的諸佛世界。

在這兩頌之中，雖未明說普賢菩薩的大行大願，是要供養十方三世一切諸佛之後，才算完成，才算成佛，但已經表明，沒有考慮到自己何時成佛，只有發大行願，向十方三世一切諸佛修學佛法，對十方三世一切諸佛修行供養；對於尚未成佛的十方佛子，祈願他們，並將自己的功德迴向給他們，促使他們早速成佛，以期十方國土，都轉為清淨的諸佛淨土。

十、「利益眾生」讚

諸佛咸詣覺樹王，諸佛子等皆充滿，
所有十方諸眾生，願皆安樂無眾患。
一切群生獲法利，願得隨順如意心。

此六句頌文，還是連接著上文下來，是願未來一切諸佛，都能早日在菩提樹下成佛，而且都像釋迦世尊一樣，成道之後的三七日內，開敷華嚴勝會，無量菩薩圍繞。由於每一尊如來出世，都化無量眾生，脫離一切苦患，一切眾生獲大法益，有願必成，稱心如意。

相傳諸佛成道，皆在大樹之下，釋迦世尊是在現今印度伽耶城南的畢缽羅樹下成道，後人為了紀念，稱之為菩提樹，或稱「道樹」，並有佛陀成道後，於初七日中「觀樹」的記載。

另據《彌勒大成佛經》所說，當來下生的彌勒菩薩，出家學道之後，將「坐於金剛莊嚴道場，龍華（編案：原典為「龍花」，「華」同「花」）菩提樹下……成阿耨多羅三藐三菩提」，然後以三會說法，安慰度脫無量眾生。

因此，讚語要說「諸佛咸詣覺樹王」，意謂未來一切諸佛，都在「覺樹王」（無上菩提樹）下成佛說法度廣大眾生，使得為煩惱眾苦糾纏擺布的一切眾生，都能聞法而得安慰、喜悅、安定、快樂，脫離一切的身心苦患。故云：「願皆安樂無眾患。」

佛說的安樂，不等於人間的平安歡樂，而是不受三塗八難的眾苦煎熬為「安」，能從四障八苦獲得解脫為「樂」。離苦得樂，得大自在，便是福慧具足，便是獲大法益，便能「隨順如意」。

十一、「大行利生」讚

我當菩提修行時，於諸趣中憶宿命。

若諸生中為生滅，我皆常當為出家；
戒行無垢恆清淨，常行無缺無孔隙。

這六句頌文的文意，也是連著前文下來的。是說：普賢菩薩當在發了無上菩提心，修行無上菩提道的過程中，不論處身於哪一類的眾生群中，都能不忘宿命，對於過去世的心身行願，也會記得清清楚楚。雖然為了實踐菩薩行願，會在人間生生滅滅，也會經常以出家的身分，堅守清淨的戒行，不會有一個大意疏忽的孔隙，讓垢穢的罪行趁虛而起。

發菩提心願，即是發起大乘菩薩的成佛大願；大乘菩提心願的完成，要靠菩薩道的實踐。依據龍樹菩薩造《十住毘婆沙論》的〈易行品〉所示，實踐菩薩道，有難行道及易行道。若尋求阿彌陀佛以佛的願力來救濟接引，先往生西方安樂國土，成就不退轉心之後，再來世間廣度眾生，是為「易行道」；若以自力修行菩薩道，生生世世轉生捨身，常憶宿命，出家修行，戒行清淨，自度度人，成滿普賢行願，宜稱為「難行道」。

但是易行道雖較方便安全，費的時間卻長；難行道雖然從初發心即以利益眾生為前提，轉生之後，若不具宿命通，就會迷失方向而有隨波逐流的危險。不過若能學習普賢行願，常常發願，縱然未具宿命通，願心便如指北針，自然不失初心，保證直趣無上佛道。

天語龍語夜叉語，鳩槃荼語及人語，
所有一切群生語，皆以諸音而說法。

這是說：修行無上佛道的菩薩行者，所見所聞，不論現何形相，出何音聲，即是見諸如來，即是聞佛說法。十方三世一切諸佛，無一不具千百億種身分身相，諸大菩薩如觀音、地藏、文殊、普賢，都能以無量形相，應化無邊眾生，一切諸佛當然也能以種種眾生身相，種種眾生語言，為種種眾生演說佛法。

眾生對於同形、同類、同一種族的同胞兄弟姊妹，比較能夠認同接受，否則難免排斥拒絕。諸佛菩薩便以凡夫眾生諸相，來度凡夫眾生諸群。

凡夫有六道稱六趣，即是天、人、修羅、傍生（畜生）、餓鬼、地獄；有四生，即是胎生、卵生、濕生、化生。天神之中有主有從，諸天的天王為主，諸天的天子、天女及隨扈者為從。四天主所領的扈從，有八類，名為「八部鬼眾」，他們的福報享受如天神，他們的道德標準則似多福的鬼，他們的名稱是：乾闥婆、毘舍闍、鳩槃荼、薜荔多、諸龍眾、富單那、夜叉、羅剎。這些眾生，若已接受佛法，便是護法神王，便會保護眾生，莊嚴道場，助佛弘法。

妙波羅蜜常加行，不於菩提心生迷，
所有眾罪及障礙，悉皆滅盡無有餘。

這是說菩薩道的修行者，必須經常努力於六種妙波羅蜜的實踐，才不會迷失大菩提心；菩薩道的實踐者，必須經常修持懺悔行，才能消除諸罪業，滅盡諸障礙。「波羅蜜」是「波羅蜜多」（pāramitā）的簡單音譯，意為超度、超越、到彼岸出苦海的意思。大乘菩薩道的實踐法門，總稱為六度四攝，廣則以六度攝萬行。〈行願品〉雖略舉十大願王，也是廣攝一切行願。

眾生所造「罪」業，便是五逆十惡，以及毀法謗僧等，依戒律的標準而言，所犯的罪惡有兩類：1.性罪，凡造惡業，本身即是罪惡，必將接受苦報。2.戒罪，受了佛戒而犯戒者，除了性罪，另加戒罪。戒罪以事懺即可消，性罪須理懺方可滅，此處的「眾罪」當通指這兩種。罪若不滅，必有苦報，必起障礙。「障礙」有三：業障、報障、煩惱障；又謂有四：惑障、業障、報障、見障。

若能修懺悔行，加行六度四攝，即是事懺及理懺的雙管齊下，一切罪障，必定消滅。

於業煩惱及魔境，世間道中得解脫；
猶如蓮花不著水，亦如日月不著空。
諸惡趣苦願寂靜，一切群生令安樂；
於諸群生行利益，乃至十方諸剎土。

這是說菩薩道的實修實行者，對於身、口、意三類行為所造作的惡不善業，連帶著產生的一切煩惱境及魔境，應該要在世間道的生活過程中，一一獲得解脫。

菩薩行者，雖也處身於世間的眾生群中，雖然也會有外來的因素成為障礙，但以菩薩的心行看待這些煩惱境及魔境，是不會被其所苦、受其所惑的；就像蓮花生於水、出於水而不沾水；又像太陽和月亮，處於太空、行於太空，而卻不會住定於太空的任何一點。如果能有這樣自在的心境，不論處身於三惡趣（地獄、餓鬼、傍生）中任何一趣，也會隨著大行大願而將彼等諸苦，轉為不生不滅的寂靜境界了；不僅自己如此，也願一切眾生都能同證這樣的安樂境界。這就是菩薩行者的修持法門，於諸眾生群中，修行佛法，利益眾生，乃至遍及十方一切世界，都去修行佛法，利益一切眾生。

十二、「恆順眾生」讚

常行隨順諸眾生，菩提妙行令圓滿。
普賢行願我修習，我於未來劫修行。

這是說菩薩修持普賢行願，必須恆常隨順眾生的需要而給予恰到好處的救濟幫助，目的在於促使眾生圓滿成就大菩提行。這樣的發心菩薩當說：「我要修習普賢行願，盡未來劫，我都如此修行。」

「恆順眾生」，頗不容易，眾生有種種性格、種種心向、種種欲求、種種需要。從菩薩的立場，以菩薩的智慧，因應種種不同的眾生；縱然對於同一個眾生，於不同的時地，也會有不同的需求。而且，眾生自己想要的，未必是他需要的，眾生自己覺得需要的，未必就是菩薩認為該給的。

曾有一位居士，因為他有一班愛喝酒、愛賭博、愛逛花街柳巷的酒肉朋友，他也經常陪著他們一起玩，被我知道了，問他為什麼要過如此靡爛的生活？他卻理直氣壯地回我：「普賢菩薩教我們恆順眾生，所以我才這樣，要不然我就沒有辦法跟他們在一起，他們也永遠沒有機會接觸佛法了。」

其實，這位居士是被他的那班朋友拖下了水，他那班朋友始終都在水中，因為跟他們玩在一起的時候，沒有孔隙讓他介紹佛法，在那種場合，要那班朋友認同佛法、接受佛法，是極度困難的，南轅北轍，道不同不相為謀，這絕不是恆順眾生的本意。雖在菩薩行的四攝法之中的「同事攝」，便是先讓自己同於他，再讓他來同於己，不過要看準了狀況，因緣成熟時，才可運用此法。

真正的隨順眾生，是隨順每一個眾生的福德因緣，讓眾生接觸佛法、接受佛法、修學佛法。估量每一個眾生的根器利鈍、程度高下、性格心向，才決定用什麼樣的佛法，在什麼樣的狀況下給他佛法，讓他如渴得飲、如飢得食似地接受佛法、運用佛法。

十三、「同行善友」讚

所有共我同行者，共彼常得咸聚會；
於身口業及意業，同一行願而修習。
所有善友益我者，為我示現普賢行；
共彼常得而聚會，於彼皆得無厭心。

此八句頌文的意思是：做為一位菩薩行者，同修同行的善友非常重要。所有跟自己同修同行的人，要和他們經常一起聚會，彼此都用相同的身、口、意三種行為，共同修習普賢菩薩的行願法門。所有那些有益於我的善知識們，都能為我用行動來指點出普賢菩薩的行願法門；我經常跟他們在一起聚會修習，對他們永遠不會生起厭煩的心。

在菩提道上，必須要有同修同行的善友，相互砥礪，彼此學習。菩薩行者必須要與同修的善友經常聚會，取長補短，互惠互助；在聚會中討論法義，修正偏差，在聚會中檢點所修所行，共同實踐普賢行願。人們難免疏忽，違越了學佛的初心本願，能有善友規勸指正，便能日進又進。

善友又稱善知識。佛在聖教中，處處開示善知識對於學佛者的重要性。故於《增一阿含經》卷十一有〈善知識品〉、《大品般若經》卷二十七〈常啼品〉、《大般涅槃經》卷二十五、《法華經》卷七〈妙莊嚴王本事品〉都告訴我們，親近善知識的好處與益處。

晉譯《華嚴經》卷五十八說得非常詳細：「與一切菩薩同修願行，親近一切諸善知識。」「應一向求諸善知識，……何以故？因善知識，究竟一切，諸菩薩行，成滿一切菩薩功德。」所以說，善知識者，則有如慈母、慈父、養育守護、大師、導師、良醫、雪山、勇將、牢船、船師等十種比喻。因此，若有善知識處，能令你「發大地心，持一切事，無疲倦故；發金剛心，堅固正直，不可壞故」，以及發金剛山心、發無自心、發弟子心、發養育心、發成熟心。

經中也說，菩薩行者當親近同修願行的善知識，亦當遠離發惡願、行惡道的惡知識，否則，就會影響到你，退失菩提心，增長邪見，陷諸魔境，上魔鉤餌，墜邪惑山間，墮長夜苦海。

有許多人，厭離人間，遠善知識，自命清高，獨居寡住，盲修瞎練，以為辦道；其實是盲人騎瞎馬，黑夜臨深淵，非常愚癡，也極可憐！他們稍得一些身心反應的神祕經驗，便會自稱上師，古佛再來，大菩薩化現，自為人師，那是以盲引盲，墜坑落塹，如此者比比皆是！

常得面見諸如來，與諸佛子共圍遶，
於彼皆興廣供養，皆於未來劫無倦。

此四句頌文是與前頌相連的。

意思是：由於有了經常親近同修善友的協助，就容易經常面見諸佛如來；能夠經常面見諸佛如來，便能常與圍繞諸佛如來的菩薩大眾互相聚會，在這種聚會的場合，正好是廣修供養，同結善緣的機會。

因為普賢菩薩願為十方三世一切諸佛做供養，所以盡未來際無量劫中，永做供養，不會厭倦。

十四、「持法修行」讚

常持諸佛微妙法，皆令光顯菩提行；
咸皆清淨普賢行，皆於未來劫修行。
於諸有中流轉時，福德智慧得無盡；
般若方便定解脫，獲得無盡功德藏。

此八句的文意是說：修學佛法是持續經常的事，修學諸佛妙法是為了光顯成佛之道的菩提大行，那都是屬於普賢菩薩的清淨行願，直到久遠的未來劫中，不會中斷普賢行願的修持。像這樣的菩薩行者，雖然生死流轉於四生九有的三界眾生群中，他們的福德智慧依舊是無窮無盡；並以般若（智慧）、方便、禪定，而得解脫，其間就獲得無盡的功德寶藏。

佛所說法，甚深微妙，唯佛與佛，乃能究盡互知，佛子聞法修法，乃是各得其能得。只要日積月累地修行普賢行願，永不休止的話，便能在三界之中，福德智慧無盡增長，深契般若（智慧）、方便、禪定的解脫境界，那就是擁有了諸佛如來的功德寶藏。

此中的「諸有」，即是指的三界六道有情眾生流轉居住的範圍，可有三種分類法：

（一）三有：欲界有、色界有、無色界有。

（二）九有：又名「九有情居」或「九眾生居」，即是三界九地的略稱。指的是欲界的人，色界的梵眾天、極光淨天、遍淨天、無想天，無色界的空無邊處、識無邊處、無所有處、非想非非想處。

（三）二十五有：三界眾生的另一種分類法：1.欲界的地獄、餓鬼、畜生、阿修羅共為四趣，須彌山腰的南、北、東、西，共四洲；自須彌山腰往上數起的四王天、三十三天、閻摩天、兜率天、化樂天、他化自在天。2.色界的初禪天、大梵天、二禪天、三禪天、四禪天、無想天、阿那含天。3.無色界的四空處天。合計為二十五等有情眾生的生死流轉範圍，稱為二十五有，其中未列人類。

「解脫」，分為慧解脫及定慧俱解脫兩種。善根深厚者，一聞佛法即得解脫；

世尊時代的許多「善來比丘」，初聞佛法，便立證阿羅漢果，便是慧解脫的例子。經過禪定的修習，加上佛法的開示，而得證果解脫者，便是定慧俱解脫。

「方便」是權巧設施。佛法有二種層次：1.可思可議的權巧方便法，稱為第二義諦；2.不可思議、言語道斷、心行處滅的真實究竟法，稱為第一義諦。據此可知，世尊所說的一切大小乘法，都屬於第二義諦的權巧方便法，以此方便法，教人悟入真實法，那便是究竟寂滅的無上佛法。

十五、「重重無盡」讚

如一塵端如塵剎，彼中佛剎不思議；
佛及佛子坐其中，常見菩提勝妙行。

這四句的意思，已在第四頌中表達過了，這是華嚴境界的以小納大，在一粒微塵的尖端上，含有微塵數量的世界，每一世界中又含有不可思議數量的佛國淨土，每一佛國淨土中，均有佛及無數菩薩弟子們坐著說法聞法，他們經常都在修著菩提大道的勝妙行願。

一般常識所見，所謂「須彌納芥子」的道理，可以懂得，所謂「芥子納須彌」的意境，便難接受。

其實三世諸佛的法身，不占時空、遍及時空又超越時空；既非形而上，也非形而下；不即亦不離，亦不落中間。所以小處不離大處，小處不僅通於大處，根本就同於大處，也不受大小所限。

這就是四種無礙法界（事、理、理事、事事）的最高層次「事事無礙法界」。它是不可思議境界的第一義諦，用具象的手法來表達抽象的觀念；但這絕不是思辨和想像的，乃是自內證的經驗世界。

如是無量一切方，於一毛端三世量；
佛海及與剎土海，我入修行諸劫海。

這四句是接著上文下來，是在以毛端及大海表達華嚴境界大小互攝的重重無盡諸佛，在空間的一切方位中均有無量無數，因於一毛的尖端就有著三世諸佛及他們的佛國淨土。佛的數量及佛土的數量，皆如四大海水，多得不可勝數；而我發了普賢行願的菩薩行者，進入如許無量無數的佛國，親近一切諸佛，廣修普賢行願，經無量劫的時間大海，永不疲倦。

於一音聲功德海，一切如來清淨聲；
一切群生意樂音，常皆得入佛辯才。
於彼無盡音聲中，一切三世諸如來；
當轉理趣妙輪時，以我慧力普能入。

此八句頌文，是在以音聲表達華嚴境界一多互攝的重重無盡。意思是說：在一個音聲之中，即攝有一切如來音聲的清淨功德大海。

一切眾生所發出的心意願樂之音，常與諸佛的無礙辯才相契相應。就在這一切眾生發出無盡的音聲之間，正好也是三世諸佛轉動妙法之輪，開演佛法之時，這於我這樣修習普賢行願的菩薩行者而言，由於智慧的力量，使我能夠契入諸佛的理趣法輪。

佛的辯才，稱為「四無礙辯」：

（一）於教法無滯，為法無礙。

（二）盡知教法所詮的義理無滯，為義無礙。

（三）於諸方言詞通達自在，為詞無礙。

（四）以前三種無礙的能力為眾生樂說自在，名為樂說無礙。

文句的「理趣」一詞，意思是道理趣旨，通常是密教典籍所用。此讚的譯者不空三藏，是唐朝密教的開元三大士之一，故在文中沿用了「理趣妙輪」，以表達甚深廣大的道理趣旨。

經中常用十數以表達無限，又常用無邊、無盡、無量、無上、無始、無數、無等、無比、無餘等來表達不可說不可說的大數量、大時空，尤其是《華嚴經》中用得最多。

以一剎那諸未來，我入未來一切劫；
三世所有無量劫，剎那能入俱胝劫。
所有三世人師子，以一剎那我咸見；

於彼境界常得入，如幻解脫行威力。

這八句的內容，是以時間來表達華嚴境界長短互攝的重重無盡。意思是說：在極短的現前一剎那中，含有永遠的未來時間，所以活於現在的我，已進入了未來的諸劫之中；其實，過去、現在、未來，均有無量劫，而此無量劫，既在短如一剎那間，也在長如俱胝劫中。因此，就在任何一個一剎那間，我都可同時見到三世一切如來，我也經常進住於三世一切諸佛的境界之中，這種境界雖然是如幻自在解脫，卻又能產生重重無盡的大威德力。

「一剎那」（kṣaṇa）是時間的極短單位，意為「一念頃」，或謂一彈指間有六十五剎那，可見現前一念的一起一滅是極其短暫的。這個一念是微細快速的念頭，不是思緒、思慮或完整的觀念。雖然如此短暫、一剎那生滅的心象之間，即通於無盡的三世，也含有無盡的三世。

這不是出於推理的想像，而是自內實際的證量體驗，因為當你的妄念不生又不滅時，現前的一念，便與無盡的三世時間不一不二。對於有妄念、有執著的凡夫而言，三世是前後分段的；對於實證了無念、無住、無相、無生滅的聖者而言，現前的一念，便與三世相即，卻不與三世相混，所以才有長劫入短劫，短劫入長劫的境界。

「劫」（kalpa）是非常長的時間單位，有三種計算方法：

（一）方及高各四十里的城，皆由芥子堆成，每三年取一粒，至芥子被取盡，名為一劫。

（二）方及高各四十里滿是石頭的城，天人用三銖重的天衣，每三年來拂拭石頭城一次，至石頭城全部被拂拭盡，名為一劫。

（三）由人壽八萬四千歲起，每百年減一歲，減至人壽僅十歲，再由人壽十歲起，每百年增一歲，增至人壽八萬四千歲，名為一小劫；二十個小劫為一中劫；四個中劫為一大劫。每一個世界都經過成、住、壞、空的四個階段，便是四個中劫，也是一個循環生滅，稱為一個大劫。

通常所說的劫，必是一大劫。俱胝劫是梵文koṭi kalpa，「億劫」的音譯。依據《大毘婆沙論》卷一七七和卷一七八、《大智度論》卷四、《瑜伽論》卷四十八等說，從凡夫修行至成佛，須經歷「三阿僧祇劫」（a-saṃkhya kalpa），乃是三個無數大劫或三個無央數大劫。現在許多附佛法外道師們，主張的即世修行即身是佛，與經典所說是不相應的。

所有三世妙嚴剎，能現出生一塵端，
如是無盡諸方所，能入諸佛嚴剎土。
所有未來世間燈，彼皆覺悟轉法輪；
示現涅槃究竟寂，我皆往詣於世尊。

此八句的文意是總結以上華嚴境界的重重無盡、互入互收、相攝相融而歷然不混的宇宙觀。意思是說：所有過去、現在、未來的一切妙莊嚴世界，能在一微塵端全部出現，像這樣無盡數的微塵世界在無盡數的十方微塵的每一微塵毫端，都有三世諸佛依正莊嚴的佛土。所以未來的諸佛，也已經在此十方微塵的每一塵端，成佛、轉法輪、示現涅槃，我這個修持普賢行願的菩薩行者，也都去到如此眾多諸微塵端的三世諸佛處，修行、禮敬、讚歎、供養等普賢行願。

十六、「十種威力」讚

以神足力普迅疾，以乘威力普遍門，
以行威力等功德，以慈威力普遍行，
以福威力普端嚴，以智威力無著行，
般若方便等持力，菩提威力皆積集。

這十種威力，是由於修持普賢行願的菩薩行者，已經具足了第三十三頌的「如幻解脫行」而得的「威力」。其內容與如來的十力有所不同：

（一）神足威力：能於同一時間內，普遍而快速地顯現十八種神通變化。

（二）乘威力：能以大小諸乘的佛法，普門示現於一切眾生之前。

（三）行威力：普賢菩薩號曰「大行」，能行菩薩道的一切行，所以具足菩薩的一切功德。

（四）慈威力：觀世音菩薩的大慈悲行，普賢菩薩也同樣具足，能於同一時間，普遍救拔無量眾生。

（五）福威力：以大富貴力、大福德力，隨時隨處，給眾生所作依怙、作歸宿、作保護、作津梁。

（六）智威力：梵文的智，稱為若那（jñāna），是對於一切事理都能決定了知的精神作用。《大毘婆沙論》有八智攝一切智，那就是：法智、類智、他心智、世俗智、苦智、集智、滅智、道智。在晉譯六十卷本《華嚴經》卷三〈盧舍那佛品〉有云：「爾時一切諸佛與普賢菩薩，入一切智力。」其中便包括十種智。智能去著解縛，故云：「無著。」

（七）般若威力：般若（prajñā）譯為智慧、明、清淨、遠離。它指的是菩薩因位的功德，例如六度之一的般若波羅蜜；又是諸佛果位的平等智慧，例如三德之一的般若德。

（八）方便威力：方便的梵文是漚波耶（upāya）或音譯為漚和，是指諸佛菩薩在化度眾生時所用的種種權巧；對於般若的實智而言，方便是為權智。

（九）等持威力：等持即是梵文三昧、三摩地（samādhi）的意譯，是指禪定，乃是維持「心」的平等而住於一境的意思。《遺教經》云：「制之一處，無事不辦。」便是禪定威力。

（十）菩提威力：菩提（bodhi）譯為道、智、覺，是佛的果德，是指斷煩惱而證涅槃；也是成佛的因行，稱為發菩提心，行菩薩道，成就無上菩提的佛道。

皆於業力而清淨，我今摧滅煩惱力，
悉能降伏魔羅力，圓滿普賢一切力。

此四句文意是說：由於具足了普賢行願的菩薩行者，已有十種威力，往昔所造的一切業力，也都清淨了，一切的煩惱力也被摧滅了，一切的魔力已被降伏了，普賢菩薩的一切力量也都圓滿了。

「業力」，是由煩惱發動身、口、意，造作十不善業道，業力便是造業因而感業果的力量。凡夫是因業力而流轉生死，接受業報；諸菩薩眾是由願力而進入生死，行菩薩道。

「魔羅」梵文 māra，是指惱害眾生的一切魔類，大致分為四大類，稱為「四魔」：

（一）煩惱魔：是眾生內心障礙，如貪、瞋、嫉妒等。

（二）陰魔（生、老、病魔）：是指由五陰所組成的自我，製造出種種苦惱。

（三）死魔：人命在呼吸間，隨時隨地都可能會死亡。

（四）自在天魔：是欲界第六天的他化自在天，經常破壞人間的善事，除了魔王，尚有魔軍、魔民、魔人、魔眾為其眷屬，惱害人類。一般所稱的魔羅，是單指魔王波旬。

又有《罵意經》的五魔之說：天魔、罪魔、行魔（無常）、煩惱魔、死魔。根據《大智度論》等有十魔：欲、憂愁、飢渴、愛、睡眠、怖畏、疑、含毒、利養、高慢。

又據《華嚴經疏鈔》所說的十魔是：五蘊、煩惱、業、心、死、天、善根執著、三昧執著、善知識吝法、菩提法智執著。

可知諸魔的範圍很廣，從身心狀態的順逆障礙，到修持佛法時的執著顛倒，乃至天魔魔眷的威脅利誘，都是魔障，都是與菩提心及菩薩行相違的力量。

十七、「圓滿七海」讚

普令清淨剎土海，普能解脫眾生海，
悉能觀察諸法海，及以得源於智海，
普令行海咸清淨，又令願海咸圓滿，
諸佛海會咸供養。

此七句頌文，提出七海行的名稱。在晉譯《華嚴經》卷三〈盧舍那佛品〉，見有普賢菩薩入一切如來淨藏三昧，說出五海十智，出定後又說十種世界海，與此處的七海名目並不相同。

這段讚文的七海是說：普賢菩薩能普令深廣如大海的一切世界得清淨，能普令繁多如大海的一切眾生得解脫，能普遍觀察深奧如大海的一切諸法，能夠探源尋底宏深廣如大海的智慧寶藏，能普令豐富如大海的一切菩薩行皆得清淨無染，又能普令宏大如大海的一切大願都圓滿，能對一切無盡如大海的諸佛如來廣修供養。

普賢行劫無疲倦，所有三世諸如來，
菩提行願眾差別，願我圓滿悉無餘，
以普賢行悟菩提。

此五句頌文是七海行的結論，意思是：這樣的普賢七海行，無論經過多長的時劫都不會疲勞厭倦而生退志。所有三世一切諸佛因地所修的菩提行願，雖然有眾多的差別，對我普賢行願的實踐者而言，但願圓滿修行一切諸佛的菩提行願，才算是以修普賢行，來悟入無上菩提的人。

由此普賢七海行的深廣無量，可見普賢行是十方三世的一切如來所行，普賢菩薩則是包攝無量諸佛所行的一位菩薩，故被尊稱為大行普賢願王菩薩；一般所說菩薩道的六度萬行，尚不足以表達普賢菩薩無量大願、無盡大行的百千萬分之一。

十八、「盡學普賢」讚

諸佛如來有長子，彼名號曰普賢尊；
皆以彼慧同妙行，迴向一切諸善根。
身口意業願清淨，諸行清淨剎土淨，
如彼智慧普賢名，願我於今盡同彼。

此八句頌文的意思是：稱讚普賢妙行，願學普賢妙行；稱讚普賢菩薩為一切佛的長子，因為他是普於一切如來座前行願最大的菩薩，所以尊號為普賢；他能以所積的大智慧及勝妙行，迴向一切善根，能使身、口、意三業，離貪、瞋、癡三毒而得清淨，一切諸行清淨，也使一切國土清淨。像普賢菩薩那樣名實相符的智慧及名號，願我（菩薩行者）現在就學習著跟他完全相同。

十九、「學文殊行」讚

普賢行願普端嚴，我行曼殊室利行，
於諸未來劫無倦，一切圓滿作無餘。

此頌是說：我這個菩薩行者，固然要學普賢行願的普遍周延，而且端正莊嚴，也當學習曼殊室利（通稱文殊師利，梵文 Mañjuśrī）的大智慧行。直到盡未來時的一切劫中，都無倦怠，以備圓滿成就這一切行願而了無餘漏。

所須勝行無能量，所有功德不可量，
無量修行而住已，盡知一切彼神通。

此頌的意思是：我這個菩薩行者，既願學普賢，又願學文殊，故須修行無量殊勝妙行，其所得功德之大，實不可度量。住於無量的修行之後，我便對於一切的神通妙用，全都通達了。

乃至虛空得究竟，眾生無餘究竟然，
及業煩惱乃至盡，乃至我願亦皆盡。

此頌的意思是：我這個菩薩行者，既然同時修學普賢及文殊二行，我的行願，也與這二大菩薩相同，直到無量虛空皆得究竟，無邊眾生皆得究竟，無盡煩惱全部斷盡，我的行願才算完成。

二十、「行願功德」讚

若有十方無邊剎，以寶莊嚴施諸佛，
天妙人民勝安樂，如剎微塵劫捨施。
若人於此勝願王，一聞能生勝解心，
於勝菩提求渴仰，獲得殊勝前福聚。

此二頌，是讚普賢行願功德，較量普賢行願功德之大，勝過一切布施功德。

頌文的意思是說：如果有一人，以滿處都是眾寶莊嚴的十方無邊數量國土，布施一切諸佛，使得彼等國土的諸天及人民都得勝妙安樂，再用有如微塵國土的眾寶莊嚴，行大布施。

另有一人若對普賢菩薩的殊勝願王，一聽聞便能生起勝解（難聞已聞，難解已解）之心者，便會因此而渴仰祈求三世諸佛的勝菩提行，以此功德，亦能獲得前一人的殊勝福聚。

彼得遠離諸惡趣，彼皆遠離諸惡友，
速疾得見無量壽，唯憶普賢勝行願。
得大利益勝壽命，善來為此人生命，
如彼普賢大菩薩，彼人不久當獲得。

此二頌是連接著上文有大功德得勝福聚而來，由於聽聞普賢行願而生勝解之心的功德，故得遠離地獄、餓鬼、畜生的三惡趣，也都會遠離存惡心、造惡業的一切惡友，並於臨命終時，能夠於剎那之頃往生西方安樂國土，立見無量壽佛（阿彌陀佛）；雖然往生西方安樂世界，經常憶念普賢菩薩的殊勝行願，故在得到大利益的勝妙壽命之時，仍不忘懷善來人間，普濟人的生命，好讓一切人，於不久的未來，都得無量壽，也都能像普賢菩薩那樣，以大行願利濟眾生。

二十一、「滅罪生福」讚

所作罪業五無間，由無智慧而所作，
彼誦普賢行願時，速疾銷滅得無餘。
智慧容色及相好，族姓品類得成就；
於魔外道得難摧，常於三界得供養。

此二頌是說：縱然由於眾生愚癡而無智慧，所以作了五種無間罪業，只要能夠讀誦如此的〈行願讚〉時，一切罪業皆得速疾消滅無有遺餘；而且能使讀誦的人，獲得智慧以及莊嚴勝妙的面相身相，和健康而受人尊敬的音容色貌，能使之成就高尚的家族種姓，以及高層的社會地位；能使邪魔外道無隙可入，因此修行而成就佛道，常受三界之中的人天供養。

「五無間業」是指犯了五逆罪，死後當受無間地獄報。「五逆」是指：殺父、殺母、殺阿羅漢、破和合僧、出佛身血。

「無間地獄」是指八熱地獄中的第八地獄；墮此無間地獄者有四類人：1.造五逆罪，2.誹謗大乘，3.不信因果，4.空食信施。

「相好」是指人體的各種殊勝好相，傳說中有兩種人具足三十二種大人相、八十種隨形好，那便是：1.諸佛如來，2.轉輪聖王。

「族姓品類」，是指印度的社會階級制度，有四大族姓：1.婆羅門，2.剎帝利，3.吠舍，4.首陀羅。在這四大族姓之中，又各有其高下尊卑的社會地位。佛教主張平等，眾生平等，眾流進入佛法大海，便同歸一味，眾生及佛皆平等。

「三界供養」是指阿羅漢及佛，皆號「應供」，應受人天供養。

速疾往詣菩提樹，到彼坐已利有情；
覺悟菩提轉法輪，摧伏魔羅并營從。
若有持此普賢願，讀誦受持及演說；

如來具知得果報，得勝菩提勿生疑。

此二頌說明讀誦〈行願讚〉，能得成佛度生的果位利益，亦得菩提道上的因位利益。

文意是說：若能讀誦〈行願讚〉，便會很快地趣向成佛的菩提樹下，到了菩提樹下坐下之後，即有有緣的有情眾生來接受佛法的利益，因為成佛悟道之後，便會說法轉法輪，便有能力摧破降伏魔王以及魔王的眷屬。讚文中又再重複說一次，若有人受持普賢願王，自己讀誦或為他人演說此普賢願王，決定功不唐捐，一切諸佛都已知道此人的功德，必定會得殊勝果報，那個果報，就是殊勝的無上菩提。

二十二、「善根迴向」讚

如妙吉祥勇猛智，亦如普賢如是智，
我當習學於彼時，一切善根悉迴向；
一切三世諸如來，以此迴向殊勝願，

我皆一切諸善根，悉已迴向普賢行。

此二頌是：學習文殊及普賢二大菩薩，將一切善根，迴向普賢行願。頌文說：被譯為「妙吉祥」的文殊菩薩，諸佛都說他是智慧第一，甚至被譽為三世諸佛之母，他象徵著諸佛如來的勇猛大智慧；其實普賢菩薩雖以大行著稱，也具備文殊菩薩同等的智慧。我這個菩薩行者，應當向他們兩大菩薩時時學習，並將一切善根迴向給三世一切諸佛，又將此功德迴向給殊勝的普賢願王；再將此一切善根，都用來迴向給普賢大行。這是因行與果德相攝、相融，所謂因中有果、果中含因的普賢行願。

二十三、「往生極樂」讚

當於臨終捨壽時，一切業障皆得轉，
親覲得見無量光，速往彼剎極樂界。

這是說明，普賢法門與阿彌陀佛極樂淨土法門，互相關聯的頌文。

意思是說：當此修持普賢行願、讀誦〈行願讚〉的菩薩行者，到了臨命終時，一切往昔所造的罪障，都得轉變為往生阿彌陀佛淨土的資糧，親自面見無量光佛（阿彌陀佛）前來接引，即於剎那之間往生極樂世界。

此在四十卷本的《華嚴經》第四十卷〈普賢行願品〉，也有類似的經文：「是人臨命終時，最後剎那，……一切無復相隨，唯此願王，不相捨離，於一切時，引導其前，一剎那中，即得往生極樂世界，到已即見阿彌陀佛、文殊師利菩薩、普賢菩薩、觀自在菩薩、彌勒菩薩等……所共圍遶，其人自見，生蓮華中，蒙佛授記。」

得到於彼此勝願，悉皆現前得具足，
我當圓滿皆無餘，眾生利益於世間。

此一頌文是說：能到彼國極樂世界的原因，乃由於有此普賢殊勝願王的力量，故於一時之間極樂世界的依正莊嚴，都在此人面前具足出現，而且是圓滿無餘的，我將以此，饒益眾生，利益世間。

於彼佛會甚端嚴，生於殊勝蓮花中；
於彼獲得受記莂，親對無量光如來。

此一頌文是說：阿彌陀佛（無量光如來）的蓮池海會，非常端正莊嚴，發現自己已生於殊勝的蓮花之中，並且親見阿彌陀佛，蒙佛當面給予授記，預記於未來必當成佛。

正由於普賢行願的終極關懷，普勸歸命西方阿彌陀佛淨土，故在近代中國淨土念佛的祖師印光大師，也將〈行願品〉列為淨土五經之一；連帶著中國華嚴宗學者們，多數也以修持彌陀念佛法門為主了。

「蓮花化生」出於《觀無量壽經》及《無量壽經》卷下。《觀無量壽經》的蓮花化生，共分九品；在《無量壽經》卷下，除了以三輩蓮花化生，尚有蓮花胎生之說。

「記莂」又為「記別」或「授記」，是佛對於弟子們的未來世，做的預言、預告，例如《法華經》中即有〈五百弟子受記品〉，預先告知某位弟子將於何處何時成佛、佛號是什麼、國土名稱是什麼等。

二十四、「利樂有情」讚

於彼獲得受記已，變化俱胝無量種，
廣作有情諸利樂，十方世界以慧力。

此頌是說：當你到了極樂世界，獲得阿彌陀佛的授記之後，便能做億萬種的無量變化，用來廣結善緣，利益安樂一切有情眾生，這都是由於有了無漏慧力，故能於一時之間遍及十方世界。

此在《阿彌陀經》中也有說到：「其國眾生，常以清旦，各以衣裓，盛眾妙華，供養他方十萬億佛，即以食時，還到本國。」既能以極短時間普遍供養他方十萬億佛，當然也能以少時間普遍利樂十方世界的有情眾生了。

二十五、「結歸極樂」讚

若人誦持普賢願，所有善根而積集；
以一剎那得如願，以此群生獲勝願。

此頌是勸導受持讀誦〈行願讚〉，目的是在鼓勵大眾，由受持讀誦，而來實踐普賢行願。若係初發心菩薩，尚未具備如實實踐普賢行願的功力，先從持誦開始修起，即使僅止於受持讀誦，也能積集無量善根，而能於臨命終時的一剎那頃，如願往生極樂世界，並能以此而使一切眾生也獲普賢勝願。

我獲得此普賢行，殊勝無量福德聚；
所有群生溺惡習，皆往無量光佛宮。

此頌是教導持誦〈行願讚〉的菩薩行者，當為一切眾生迴向祈願，而說：我已獲得如此殊勝的普賢行願，我已獲得如此殊勝的福德寶藏，但願以此迴向給尚在惡習煩惱中沉溺的一切眾生，都能往生無量光佛的極樂寶宮。

後記

此讚原於一九九五年元月九日、十日、十一日的三晚，在農禪寺講出前半部分的四十一個頌（即文中所標示之「圓滿七海讚」），由葉翠蘋菩薩根據錄音帶整理成稿，文字相當清新易讀，可惜當時我對大眾講出之時，比較通俗，也比較淺薄，經我細讀之後，覺得應當再重寫一遍。因此在我於東初禪寺忙碌的日程之中，以一週的時間，將之分為二十五篇，每篇標示題目，可使眉目分明，一目瞭然。並且，在思想方面有了深度，在組織方面有了密度，在資料方面有了強度。

此讚的文字，相當古簡，有些文句，必須細心研讀品味，上下連貫，即自然通達了。

因此，這一篇講稿釋義，可以做為《華嚴經》的心要來讀，也可以當作理解《華嚴經》不可思議境界的入門參考，也可以用作研究講演普賢行願法門的初級教材。

普賢行願，是「以願導行，以行踐願」，是「以大悲行為立足點，以大弘願為總方向」，大乘佛教徒實踐菩薩行，應當弘揚普賢菩薩的行願法門。

（一九九七年七月二日記於美國紐約東初禪寺，姚世莊居士謄稿）

肆、普賢菩薩十大願

前言

有人希望我能講解普賢菩薩的十大願。大家要明白，雖然這是一位大菩薩的願，但對一般凡夫眾生仍然有非常重大的意義。我們在東初禪寺，每天早課唱誦的十大願分別是：

一者　禮敬諸佛
二者　稱讚如來
三者　廣修供養
四者　懺悔業障
五者　隨喜功德
六者　請轉法輪
七者　請佛住世
八者　常隨佛學

九者　恆順眾生

十者　普皆迴向

按照佛法所說，佛是諸行圓滿的人，而菩薩只顯現了某個方面的圓滿。佛有四大德相，即是悲、智、願、行圓滿。這四種圓滿佛已經全部證得，而菩薩可能只顯現了其中的一種，例如，觀世音菩薩是代表大悲，文殊師利菩薩是代表大智，地藏王菩薩是代表大願，而普賢菩薩則代表了大行。

《華嚴經》中提到普賢菩薩的次數相當多，而在以闡揚慈悲願力為主的第四十卷裡，更特別以他為中心人物。這一卷講述的就是普賢菩薩的十種大願，並稱之為〈普賢行願品〉。普賢菩薩除了以其願力，還以他的大行而聞名。當別人可能還在發願時，他已經在實踐所發的願。

我們的課誦本中列舉了十種願，但事實上，《華嚴經》提到的是廣大無盡的願力，這在第四十卷中有很清楚的描述。之所以會特別列出這十種願，是因為這部經，在說到圓滿或全體法界時，都會以「十」的數目來表示。因此，「十」在這裡，並不是一個數目字，而是代表著廣大無邊、無窮無盡、無法稱量的無限。

第一大願：禮敬諸佛

我們凡夫，一生之中要遇到一位佛，是機會渺茫，如何才能禮敬諸佛呢？那只有兩種可能，不是已經達到普賢菩薩的層次，就是要確實發願：「從現在起，一直到成佛為止，都要能向佛頂禮。」以這樣的態度來禮敬佛陀，直到證得佛果為止，就有可能達到禮敬諸佛的目標。

我們所禮敬的是佛陀的功德和德行。現在我們頂多只能對著佛像禮敬，每看到一尊，就頂禮一尊。因為我們只有一個身體，只能在一處禮拜一尊佛像，沒有辦法禮拜所有的佛像，除非是有無限的時間。不過，如果我們達到普賢菩薩的境界，就可以有無數的身體，遍現無邊的地方，而可以同時向無量的諸佛虔敬禮拜。事實上，禮敬諸佛並不僅在於某一個時間，而是持續不間斷的過程，涵蓋了過去、現在到未來，並遍及一切處所。

對一般凡夫來說，禮敬諸佛的主要目的是為了消除慢心。不尊敬他人、不禮敬諸佛的人，不會受到別人的尊敬，也不會有深刻的修行體驗。有了某種程度體驗的人，通常不會驕傲，而是很謙虛。因此，禮敬諸佛並不是只有禮敬過去的諸佛，也要禮敬未來的諸佛，也就是還沒有成佛的眾生。只有當自己對別人能謙虛恭敬時，我們才能獲得別人的尊敬與幫助。

對於修行難有進步，或是業障重、煩惱多的人，我常常勸告他們要拜佛。因為拜佛可以幫助他們減輕業障。這種業障多表現在那些慢心強或是習氣重的人身上，因為他們的自我意識太強烈了。而拜佛時，因為心中只有佛，沒有我，自我意識就不會那麼熾盛。這就是為什麼拜佛非常有用的原因。

第二大願：稱讚如來

如來也就是佛陀。如來需要我們稱讚嗎？每一位如來都有無量的功德，無邊的智慧，以及由如來德行所生的無量福報，而在悲智願行各方面都是圓滿無缺的。那麼我們為什麼要稱讚如來呢？當我們誠摯地稱讚某人時，至少含有對那個人成就的肯定，甚至生起效法的意願，也許我們一時間做不到，但會想去試試看。

這也是說，當我們看到令人敬仰的人時，例如孔子，就會仰之彌高，像仰望一座高山般地尊崇他。要達到他的境界或許很難，但還是會盡量向他學習。

我們所以要稱讚如來，是因為嚮往獲得如來的功德與德行。然而要像普賢菩薩那樣，隨時都能化現無量的身體，每個身體都有一個清淨無垢的舌頭，可以同時讚歎一切諸佛的功德及德行，持續沒有間斷，這對一般眾生來說，實在是非常困難。不過，儘管我們只有一個身體和一個舌頭，我們還是可以誦經和念佛的方式，稱讚諸佛的德行與功德。當我們稱讚一尊佛的時候，其實就是在稱讚一切諸佛。

我曾經聽過，有人盡是稱讚自己，而不去稱讚諸佛如來。他們告訴別人自己多麼有修行，修行多麼精進，和有哪些修行的體驗。表面上，他們似乎是在鼓勵別人修行，其實是在讚揚自己。然而，自我並沒有什麼了不得，我們稱讚的應該是如來，別為自我費心了。

第三大願：廣修供養

我們供養的對象是過去、現在及未來諸佛；也即是說，我們要不分親疏遠近、無有分別地供養一切眾生，即使是一隻螞蟻或狗，也要視為未來的佛。

普賢菩薩已是居於菩薩的最高階位，也就是成佛前的一個階位，因此他可以化現無數的化身，運用每一個化身，供養無量的東西來滿足眾生的需求，不僅僅是在某一個時間，而是時時刻刻、毫不間斷地做下去。

一般凡夫眾生，可能覺得自己沒有多少東西可以供養，其實，我們擁有的很多，例如言語、智慧、體力，以及佛法，都可以拿來奉獻。我們不僅是供養某個特定眾生，還要供養無量無邊的眾生。

眾生如果沒有智慧福德，那是因為他們不願意布施，一味牢牢抓緊所擁有的東西，絲毫沒有想到別人。布施和供養不盡相同。布施是給予他人自己所擁有的東西，或許是出於憐憫或義務，不一定有恭敬心；但供養，就須更進一步，以誠摯、恭敬的心，把眾生當作佛來做奉獻，那是比較困難，也是更有意義的！

身為凡夫眾生，如何能在短短的一生中，以有限的資源去供養一切眾生呢？其實供養有直接和間接兩種方式。所謂直接的供養，是對方需要什麼，我們就給予什麼；而間接的供養，是我們供養的對象，或許不一定自己需要這些東西，可是透過他，可以幫助許多其他的眾生。這種間接的供養，因為能利益更多的人，影響也更大。舉例來說，我們供養三寶，可以幫助無數的眾生獲得佛法的利益，這當然比單純地供養或布施東西給窮人，更加有意義。

以佛法供養和以財物布施眾生，有相當的不同。財物總有用盡、消失的時候，而佛法的利益永遠跟隨眾生，不但用不盡，還會增長。因為三寶弘揚佛法，能幫助眾生獲得佛法的利益，因此，供養三寶就是間接地以佛法供養眾生。眾生為未來佛，我們供養三寶，實際上是在供養過去、現在及未來諸佛。

就我的觀察，東方人一般都有供養三寶的觀念，因為他們想要累積功德和福報。在西方，基督教徒也會供養教會，因為他們認為自己是在積蓄神恩，未來才能升天國。但是，許多已經轉信佛教的西方人，因為不再相信天國，便不再捐錢給道場，而他們沒有接觸到淨土的信仰，所以也不會為往生西方極樂世界預存資糧。

佛經中有一個供養的故事。有一位老婦人想點燈供佛，到處去乞討燈油，然後用討到的燈油點了一盞燈獻給佛陀。奇特的是，當所有其他人供養的油燈都燃盡了，老貧婦的油燈卻還繼續在燃燒。

阿難尊者聽說了這件事，就問佛陀原因。佛陀回答說：「這位貧婦一無所有，卻把自己僅有的一切拿來供養，所以獲得了最大的功德。其他人或許供養了一、兩盞燈，甚至一百盞燈，可是那些油燈對他們來說無足輕重，所以功德不如貧婦那麼大。」

因此，即使一個人再貧窮，當開始熏修佛法後，應該要盡力去供養三寶。來修學佛法的西方人，也要盡心供養三寶。誠心供養的人，必能獲得佛法的利益。一個追求佛法卻不願供養的人，只會擁有無知。這種人一方面不願意布施，另一方面還希望得到佛法，豈不正是貪婪的表現？這就像掘井一樣，必須先把土挖掉，才有出口讓水流出；如果不願意把土挖掉，水是不會流出來的。

總之，供養三寶的人，要有甘願、樂意的態度，預備把自己擁有的東西布施出去，這也包括了自我。到那時候，必定能獲得佛法的利益。

第四大願：懺悔業障

業障是過去的行為所引起的修行上的障礙。我們毋須知道自己過去生造過什麼惡業，只要相信自己造成這些障礙就行了。如果修行無法得力、難以進步，就是業障的顯現；在日常生活中，如果遇到任何讓身心不愉快的事，那也就是業障。生活中有許多這樣的事例：有些東西想要卻要不到，不想要卻擺脫不了，或者想做的事做不了，不想做的事卻依然做了，這都是業障顯現。

身心的不自由或不安穩有許多原因，可能是生病或懶散，繁雜的責任或過重的工作，也可能是經濟拮据。有時太過富裕，對個人的自由也是一種障礙，因為老是擔心自己生命或財物的安全。

心裡有障礙，基本上是因為有個自我中心，另外是心中有錯誤的想法，以及受到環境的影響，這些都會減低心的自在和安穩。我們無法控制自己的心，因此心總是不停地動，擺脫不了某些念頭，或者說出不想說的話。例如有些人有說謊的習慣，剛說完就察覺到，有些人甚至不承認自己說謊，這種無法自制自律的情形，都是業障。

我們明明知道不該做某件事情，但往往還是做了，這些與生俱來的習性，就叫作「習氣」。貪婪、傲慢等種種習氣，都是從無始以來多生多劫累積而成。要馬上消除這些習氣，並非易事，但只要仔細觀照自己的行為和心境，就可以體會到身心的不自由。如果不做自我省察，就一點兒也不會知道自己有這些業障。

在修行過程中會出現兩種障礙：一種是很清楚自己應該要修行，卻總是沒辦法去修行；另一種是已經開始修行了，但在修行過程中，出現了種種身心障礙。比如說，有些人已經好幾年沒參加禪七了，或許他們因為工作的關係，安排不出時間，也或許受到配偶或孩子阻擾而不能來。我有個弟子想來打禪七，但是她先生卻威脅說，如果來打七就要離婚，她終究沒有來。

還有些人修行了一段時間，始終無法進步，或許是因為身體衰弱、心理有問題，或是在禪七當中，老是想著解七後必須去做的事。這些都妨礙了他們的修行。

當一個人在修行過程中，決定放棄修行，那真是非常糟糕的障礙，因為他不再努力向前了。有些人明明已在修行，卻受了環境的影響，例如遇到了邪師或外道，或是有惡友灌輸他修行無益的觀念，導致態度上有了一百八十度的轉變。這些諸多障礙中，最嚴重的是不認為自己應該修行，或是根本不知道有佛法可求。

當業障現前時，我們要知道如何去懺悔，甚至在未遇到業障之前，就應該要懺悔。基本上，我們認知到的業障，其實只是一小部分，就如同冰山的一角，因此我們必須不斷地懺悔。首先，我們要承認自己造過惡業，如果能意識到自己是汙染不淨的，就能讓我們減少慢心和我執。當自我變小，業力就不會那麼晦重了。

第二，要發願從今以後，不再造作任何惡業，不用身、口、意去做任何不應該做的事，必須言行謹慎，心地純淨，這也會有助於我們的修持。如果能縮小自我，並決心不再做惡行，讓業力減輕，就能幫助我們做好一個修行人。

因此，當我們修行無法進步時，要拜佛、要懺悔，也就是說，我們要不斷地、長長久久地懺悔下去，因為即使像普賢菩薩這樣的大菩薩，也一樣在修持懺悔法門。

第五大願：隨喜功德

我們不但要行善修功德，當別人在行善修功德的時候，也要心生歡喜。的確，有些人從來不修功德，但看到別人在修時，心裡就感到嫉妒；有些人雖然自己在修，但看到別人在做，而且做得更好的時候，就歡喜不起來。另外有一種人是為了獲得他人尊敬，希望受到他人注目，所以才修功德善行。

大致來說，對於別人的功德，我們偶爾會感到歡喜，但要常常歡喜就難了。有時我們會做好事，但看到別人在做時，或許就會懷疑他們背後的動機。我們應該學習普賢菩薩，對每個眾生所做的好事，都予以肯定，無論他是為了自己或他人，都要讚美他們的善行，並且生起歡喜心。我們不用去計較自己做了多少的好事，而是要擔心自己能不能持續地做下去。

有些人沒有做什麼好事，但也沒做什麼壞事，我們應該要肯定他沒有做壞事的部分，並為他高興。而對於精進學習佛法，勤修戒、定、慧，實踐六波羅蜜的人，更應該感到特別歡喜，並能夠隨喜讚歎。大家是否有隨喜一切功德善行的能力與心量呢？

第六大願：請轉法輪

首先我要解釋「法輪」的意思。在古印度時代，輪子是用來當作武器的，它的邊緣很銳利，可以傷害或殺戮敵人。當時流傳著一則神話，預言未來會出現一位偉大的君王，以一種特殊的武器——輪子，征服全世界，並被尊為「轉輪聖王」。

在釋迦牟尼佛出世時，有位占星師預言：這個孩子長大後，若出家會成為佛陀，或是會在世間成為轉輪聖王。結果世尊出家了，沒有成為轉輪聖王，用武器去征服世界；相反地，世尊用佛法來化導一切眾生。因此，「法輪」是用來比喻佛陀的力量廣大無邊。

世尊證得佛果之後，在鹿野苑為五比丘說法，是為首度教化眾生，因此稱之為「初轉法輪」。轉法輪的意思，就是開示佛法來幫助、調伏、教化眾生，使他們能遠離無明煩惱的輪迴，進入智慧的殿堂。

我們如果能夠轉法輪，那就太好了。實際上，有些眾生已經在宣說佛法，但如果說他們也是在轉法輪，那是不恰當的，他們只是佛陀的代表，不是佛陀本人。就如同武器的比喻，只有國王有權使用輪子這種武器，其他的臣民不能使用；同樣地，只有佛陀說法可稱為轉法輪，即使像普賢菩薩這樣的大菩薩，還是要至誠懇切地請求佛陀轉法輪。

請佛說法並不是只為我們自己，聽聞佛法，除了自己受益，也要讓一切眾生獲得利益。菩薩很少想到自己的利益，所作所為都是為了他人，因此我們在經典中，可以看到許多大菩薩、大阿羅漢請佛說法的例子。從表面上來看，他們有那麼多問題，好像很無知，但其實他們是為了眾生而請佛說法，如果不是有這些問題，我們今天就沒有這麼多佛經可讀了。因為沒有人特地請法，佛陀極難得會主動開示。

佛陀不會主動說法，只在有人請法時才會說法，這是為了向眾生示現佛法的寶貴，是極其難有的機緣才能聽聞，否則大家就不懂得珍惜了。

傳統上，在開示佛法之前，會有一定的禮儀，以表達適當的敬意，由此可明顯看出，佛教徒不會對人傳教，也不會激進地要他人接受，而是讓人自己覺察到佛法的用處和利益，一旦知道了，自然就會來學佛，因而獲得更大的利益。

如果佛教徒既不傳教，也沒有人會不請自說，主動教導佛法，為何佛法還能流傳下去？這並不是佛教徒有能力，能讓事情自然而然地發生，而是我們正在發的這個願——每個佛教徒都要「請轉法輪」，不僅僅是請求佛陀轉法輪，還包括一切有資格說法的法師。唯有當佛教徒都抱持著這種態度時，佛法才會興盛。

即使為一小群人，我們也可安排做佛法的開示，並鼓勵大家來聽，這正是第六大願的要旨。我們千萬不可以認為：「反正別人會去安排，用不著自己插手。」如果這樣的話，第六大願就毫無意義了。大家都有朋友，朋友也還有朋友，不是要他們都來皈依佛教，但是可以把佛法介紹給他們，不過這需要花時間，也必須有意願去做，問題是很多修行人都不願意去做。

普賢菩薩希望確保所有世界的眾生，都能隨時隨地親近佛法，所以請求佛陀轉法輪。也可以說，他不希望諸佛休息，既然已經成佛，就應該說法度眾生。對諸佛來說，是沒有眾生可度，可是對普賢菩薩來說，既為菩薩，就應該幫助眾生。

在臺灣及美國兩地，我的弟子們熱誠地鼓勵了許多人來聞法、修行，使得更多的人對佛法產生了興趣。做為佛教徒，如果我們從佛法獲得利益，卻只是祕而不宣，不跟他人分享，那佛法就會滅絕了。佛法的延續，實有賴所有佛教徒來共同承擔「請轉法輪」的責任。

第七大願：請佛住世

一般眾生隨著業力所牽，一世又一世地流轉於輪迴之中，一旦成佛，便能從輪迴中解脫，具足圓滿的智慧與福德。此時對他們來說，沒有能度的佛，也沒有需要被度的眾生，已經沒有事可做了。更確切地說，諸佛一旦入滅，就不再回到世間。他們的色身肉體雖然死亡，但實際上是進入涅槃之中。入涅槃和一般的死亡不同，當釋迦牟尼佛的色身死亡時，他是進入寂靜的三昧中，而且永遠不再出來。

釋迦牟尼佛在證得佛果後，已經完成了應做的一切。當時他本來準備入涅槃，但在梵天的祈請下，留了下來，轉了四十多年的法輪，一直到八十歲才入滅。那個時代的印度人民通常活不過六十歲，八十歲的壽命是很不尋常的，算是長壽了。世尊住世那麼久，是因為人們不斷地向他請法。諸佛最擅於說法，即使是菩薩，也無法如佛說得那麼好。

雖然任何明師也無法與佛相比，我們仍然要以相同的態度，請求他們住世說法，而且愈長久愈好。只要有任何機會，就要請他們說法；如果有法師想要離開，我們應該讓他相信還有許多人需要他的教導，同時我們也要鼓勵更多人來聽聞佛法，使法師願意留下來。

第七大願實為普賢菩薩的宏願，因為他可以自由地遊走一切世界，遍遇諸佛，並且請求諸佛留在世間轉輪說法。我們同樣也可以請求法師們留下來教導我們，所以第七願跟我們還是非常有關的。

第八大願：常隨佛學

這個願相當困難，它的意思是說，我們不只是用身體，也要用心來追隨佛陀。而且要跟隨的就是佛陀，不是佛的弟子，也不是佛陀所說的法。這個願很適合普賢菩薩，做為一個已經得大解脫、一生補處的大菩薩，他可以用無數的身體，追隨著無量無際的諸佛，時時修學佛法。

我們很難仿效普賢菩薩這樣的典範，因為佛並不是永久活在世間。佛現世後，一旦入了涅槃，就要經過很久的時間，才會有另一位佛出現於世。所以，在這過渡期間，住世的是佛法，而不是真正的肉身佛；或者可以說，是我們信仰中的佛，而不是真的有那麼一尊佛，可以讓我們親身相遇。

雖然如此，我們凡夫眾生仍然可以遵行「常隨佛學」這個願。有兩種方式：第一是從信仰的角度。既然佛經上說，佛是無時不在、無處不在的，就算我們看不到佛的色身，依然要相信他的存在。我們要相信，如果我們祈求諸佛幫助，就會得到幫助；不只是釋迦牟尼佛，藥師佛、阿彌陀佛也會幫助我們。

從信仰的本質和力量來說，我們是可以親近諸佛，向他們學習並祈求他們的護佑。舉例來說，在課誦中的〈三皈依〉，第一段是皈依佛。假如佛不存在，那豈不是一堆空話？事實上，我們是以信心來皈依過去、現在、未來諸佛，尤其是現在的諸佛。

我們必須時時提醒自己是佛弟子、三寶弟子，實質上這就是在常隨佛學了。雖說常隨「佛」學，其實是包含了佛、法、僧三寶，因為三者互相關聯。如果某個時間信仰其中一個，換個時間信仰另外一個，這是不恰當的態度，我們要同時信仰、追隨佛、法、僧三寶。

有些人在皈依三寶後，精進地修行，但熱切一段時間後，就漸漸鬆懈，甚至停頓下來，這就不是常隨佛學了；反之，如果是修行而有了開悟的經驗，體證了諸佛的本性，就會對佛法產生堅定不可動搖的信心，而能永遠隨佛修學。修行人要達到信心不動搖的境界，並不容易，最可靠的方法是每天誦念〈三皈依〉，還有「普賢十願」，特別是第八願。

第九大願：恆順眾生

「眾生」這個詞，指的不是少數眾生，而是一切眾生。恆順眾生的意思，是給予眾生任何他們要求的東西。如果是要你的頭、你的身體，或者是要你的錢，你給不給？要給，但是只有在必要的情況下，也就是說，要看眾生是否真的需要那些東西，然而這只有具備菩薩的智慧才能做出適切的決定。

對於眾生的種種要求，有時菩薩會回以一頓打罵，或把他們監禁起來，這些都是教化的方便。因此，恆順眾生，是從教化的立場來判別眾生的需要，並給予適當的幫助。

唐朝的玄奘法師有位弟子叫窺基，也是一位大師。他原是皇族出身，當玄奘大師勸他出家為僧的時候，他回答說：「和尚不准吃肉。如果要我出家為僧，我希望可以繼續吃肉。」玄奘回答說：「沒問題，我准許你吃肉。」

窺基又說：「和尚不能娶妻。如果要我出家，一定要讓我能娶個妻子。」玄奘回答說：「好，准許你。」

窺基又說：「和尚不准穿華麗的衣服。如果要我出家，必須准許我穿。」玄奘就回答：「好，我准許你穿。」

等到要落髮的時候，窺基要求穿華麗的衣服。玄奘說：「不行，你還不是和尚，到那個時候再說。」

過了一陣子，窺基要求吃肉、娶妻。玄奘告訴他說：「你還沒具備一個僧侶的資格，只要你的條件符合了，並成為一個好和尚，這些事我都會准許你做。」

窺基滿心熱切地學習，各個方面都不輕忽，終於成為一個很好的修行人。於是玄奘問他說：「你想娶妻嗎？」窺基回答說：「我現在是個和尚，我不想娶妻。」

玄奘又問：「你想吃肉嗎？」窺基回答說：「我現在是個和尚，怎麼能夠吃肉？」窺基再也不要求吃肉、娶妻、穿華服了。玄奘隨順窺基，無論他要求什麼，玄奘都答應，這叫作「恆順眾生」。

另一種恆順眾生的方式，就是以四攝法來接引眾生。第一種是布施，給予眾生所需；第二種是愛語，說話寬厚慈愛；第三種是利行，做對眾生有益的事；第四種是同事，參與眾生的活動，以接引他們學佛修行。

之後，依據眾生個別的情況，找出最適合他們學佛修行的方法，這不是只有單獨地對某一個眾生，而是對所有的眾生，都是如此。從一開始遇到他，就要不斷地尋找各種方法來幫助他，直到他成佛為止，絕不捨棄。

雖然我們不能像普賢菩薩那樣，可以同時幫助無量無邊的眾生，但是我們能夠幫助我們所接觸到的眾生。

第十大願：普皆迴向

普皆迴向不僅僅是在幫助眾生，也是在幫助自己。修行不是自私自利，為了利益眾生，我們把自己修行的成果和累積的功德迴向出去；而因為有了這個不為自己修行的觀念，我們也會得到利益。

釋迦牟尼佛由於看到了眾生的苦難，激發了求道修行的意志，決心要達到圓滿的證悟，幫助一切眾生離苦得樂。他修行的主要動力是為了幫助他人。如果懷有任何自私的心來修行，即使修得再好，仍然會有煩惱。

迴向的功德包含我們自無始以來，所累積的一切修行功德，也包含我們未來將會累積的一切功德。我們把功德分享出去，使眾生在成佛的道路上進展得更順利。

以一個比喻來說明：我們累積的功德就像燈火一樣，會發光發亮，雖然相當有限，不過它可以點燃其他人的燈，最後每個人都會有一盞光亮的燈。我們的燈沒有減損，依然明亮，別人的燈也被燃亮了。

對於沒有修行或難得修行的人來說，是無法了解功德迴向的道理；但對於已從修行得到一些成果的人來說，不但真的能將功德迴向，他人也能即刻獲得利益。如果我們修行的成果非常有限，就需要持續將功德迴向出去。而像觀世音菩薩那樣的大菩薩，是可以隨時不斷地將功德迴向給一切眾生。

有人曾提出一個問題，就是一位偉大的宗教領袖，真能為人們承擔罪過嗎？會有用嗎？如果他選擇這麼做，對於和他有關的人們，會有一定的用處，不過不會完全有用，因為眾生有自己的業力，沒有人能夠完全解除眾生的苦難，除了眾生自己。

（英文原文刊載於一九九二年《禪》雜誌〔*Chan Magazine*〕春、夏、秋、冬季刊）

附錄

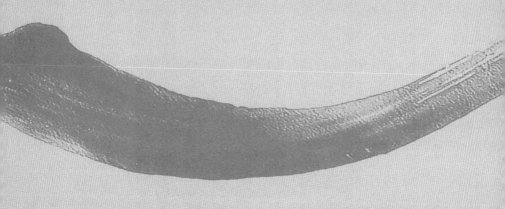

附錄一

《妙法蓮華經．觀世音菩薩普門品》

姚秦．三藏法師鳩摩羅什譯

爾時無盡意菩薩，即從座起，偏袒右肩，合掌向佛，而作是言：世尊！觀世音菩薩，以何因緣，名觀世音？佛告無盡意菩薩：善男子！若有無量百千萬億眾生，受諸苦惱，聞是觀世音菩薩，一心稱名，觀世音菩薩，即時觀其音聲，皆得解脫。若有持是觀世音菩薩名者，設入大火，火不能燒，由是菩薩威神力故。若為大水所漂，稱其名號，即得淺處。若有百千萬億眾生，為求金、銀、琉璃、車渠、馬瑙、珊瑚、虎珀、真珠等寶，入於大海。假使黑風吹其船舫，飄墮羅剎鬼國。其中若有乃至一人，稱觀世音菩薩名者，是諸人等，皆得解脫羅剎之難。以是因緣，名觀世音。若復有人，臨當被害，稱觀世音菩薩名者，彼所執刀杖，尋段段壞，而得解脫。若三千大千國土，滿中夜叉、羅剎，欲來惱人，聞其稱觀世音菩薩名者，是諸惡鬼，尚不能以惡眼視之，況復加害？設復有人，若有罪，若無罪，杻械枷鎖，檢繫其身，稱觀世音菩薩名者，皆悉斷壞，即得解脫。若三千大千國土，滿中怨賊，有一商主，將諸商人，齎持重寶，經過險路，其中一人，作是唱言：諸善男子，勿得恐怖！汝等應當一心稱觀世音菩薩名號，是菩薩能以無畏，施於眾生。汝等若稱名者，於此怨賊，當得解脫。眾商人聞，俱發聲言：南無觀世音菩薩。稱其名故，即得解脫。無盡意！觀世音菩薩摩訶薩，威神之力，巍巍如是。若有眾生，多於婬欲，常念恭敬觀世音菩薩，便得離欲。若多瞋恚，常念恭敬觀世音菩薩，便得離瞋。若多愚癡，常念恭敬觀世音菩薩，便得離癡。無盡意！觀世音菩薩，有如是等大威神力，多所饒益，是故眾生，常應心念。若有女人，設欲求男，禮拜供養觀世音菩薩，便生福德智慧之男，設欲求女，便生端正有相之女，宿植德本，眾人愛敬。無盡意！觀世音菩薩有如是力。若有眾生，恭敬禮拜觀世音菩薩，福不唐捐。是故眾生，皆應受持觀世音菩薩名號。無盡意！若有人受持六十二億恆河沙菩薩名字，復盡形供養飲食、衣服、臥具、醫藥。於汝意云何？是善男子、善女人，功德多不？無盡意言：甚多！世尊。佛言：若復有人，受持觀世音菩薩名號，乃至一時禮拜供養，是二人福正等無異，於百千萬億劫不可窮盡。無盡意！受持觀世音菩薩名號，得如是無量無邊福德之利。無盡意菩薩白佛言：世尊！觀世音菩薩云何遊此娑婆世界？云何而為眾生說法？方便之力其事云何？佛告無盡意菩薩：善男子！若有國土眾生，應以佛身得度者，觀世音菩薩即現佛身而為說法。應以辟支佛身得度者，即現辟支佛身而為說法。應以聲聞身得度者，即現聲聞身而為說法。應以梵王身得度者，即現梵王身而為說法。應以帝釋身得度者，即現帝釋身而為說法。應以自在天身得度者，即現自在天身而為說法。應以大自在天身得度者，即現大自在天身而為說法。應以天大將軍身得度者，即現天大將軍身而為說法。應以毘沙門身得度者，即現毘沙門身而為說法。應以小王身得度者，即現小王身而為說法。應以長者身得度者，即現長者身而為說法。應以居士身得度者，即現居士身而為說法。應以宰官身得度者，即現宰官身而為說法。應以婆羅門身得度者，即現婆羅門身而為說法。應以比丘、比丘尼、優婆塞、優婆夷身得度者，即現比丘、比丘尼、優婆塞、優婆夷身而為說法。應以長者、居士、宰官、婆羅門婦女身得度者，即現婦女身而為說法。應以童男、童女身得度者，即現童男、童女身而為說法。應以天、龍、夜叉、乾闥婆、阿修羅、迦樓羅、緊那羅、摩睺羅伽人非人等身得度者，即皆現之而為說法。應以執金剛神得度者，即現執金剛神而為說法。無盡意！是觀世音菩薩，成就如是功德，以種種形，遊諸國土，度脫眾生。是故汝等應當一心供養觀世音菩薩。是觀世音菩薩摩訶薩，於怖畏急難之中，能施無畏，是故此娑婆世界，皆號之為施無畏者。無盡意菩薩白佛言：世尊！我今當供養觀世音菩薩。即解頸眾寶珠瓔珞，價值百千兩金，而以與之，作是言：仁者！受此法施珍寶瓔珞。時觀世音菩薩不肯受之。無盡意復白觀世音菩薩言：仁者！愍我等故，受此瓔珞。爾時佛告觀世音菩薩：當愍此無盡意菩薩及四眾、天、龍、夜叉、乾闥婆、阿修羅、迦樓羅、緊那羅、摩睺羅伽人非人等故，受是瓔珞。即時觀世音菩薩愍諸四眾及於天、龍、人非人等，受其瓔珞，分作二分，一分奉釋迦牟尼佛，一分奉多寶佛塔。無盡意！觀世音菩薩有如是自在神力，遊於娑婆世界。爾時無盡意菩薩以偈問曰：

世尊妙相具，我今重問彼，佛子何因緣，名為觀世音，
具足妙相尊？偈答無盡意：汝聽觀音行，善應諸方所，
弘誓深如海，歷劫不思議，侍多千億佛，發大清淨願。

我為汝略說：聞名及見身，心念不空過，能滅諸有苦。
假使興害意，推落大火坑，念彼觀音力，火坑變成池。
或漂流巨海，龍魚諸鬼難，念彼觀音力，波浪不能沒。
或在須彌峰，為人所推墮，念彼觀音力，如日虛空住。
或被惡人逐，墮落金剛山，念彼觀音力，不能損一毛。
或值怨賊繞，各執刀加害，念彼觀音力，咸即起慈心。
或遭王難苦，臨刑欲壽終，念彼觀音力，刀尋段段壞。
或囚禁枷鎖，手足被杻械，念彼觀音力，釋然得解脫。
咒詛諸毒藥，所欲害身者，念彼觀音力，還著於本人。
或遇惡羅剎，毒龍諸鬼等，念彼觀音力，時悉不敢害。
若惡獸圍遶，利牙爪可怖，念彼觀音力，疾走無邊方。
蚖蛇及蝮蠍，氣毒煙火燃，念彼觀音力，尋聲自迴去。
雲雷鼓掣電，降雹澍大雨，念彼觀音力，應時得消散。
眾生被困厄，無量苦逼身，觀音妙智力，能救世間苦。
具足神通力，廣修智方便，十方諸國土，無剎不現身。

種種諸惡趣，地獄鬼畜生；生老病死苦，以漸悉令滅。
真觀清淨觀，廣大智慧觀，悲觀及慈觀，常願常瞻仰。
無垢清淨光，慧日破諸闇，能伏災風火，普明照世間。
悲體戒雷震，慈意妙大雲，澍甘露法雨，滅除煩惱焰。
諍訟經官處，怖畏軍陣中，念彼觀音力，眾怨悉退散。
妙音觀世音，梵音海潮音，勝彼世間音，是故須常念。
念念勿生疑，觀世音淨聖，於苦惱死厄，能為作依怙。
具一切功德，慈眼視眾生，福聚海無量，是故應頂禮。

爾時持地菩薩即從座起，前白佛言：世尊！若有眾生聞是〈觀世音菩薩品〉自在之業，普門示現神通力者，當知是人功德不少！佛說是〈普門品〉時，眾中八萬四千眾生，皆發無等等阿耨多羅三藐三菩提心。

（《大正藏》第九冊五十六頁下至五十八頁中）

附錄二

《地藏菩薩本願經》

唐・于闐國三藏沙門實叉難陀譯

忉利天宮神通品第一

如是我聞。一時佛在忉利天。為母說法。爾時十方無量世界。不可說不可說一切諸佛。及大菩薩摩訶薩。皆來集會。讚歎釋迦牟尼佛。能於五濁惡世。現不可思議大智慧神通之力。調伏剛彊眾生。知苦樂法。各遣侍者。問訊世尊。是時如來含笑。放百千萬億大光明雲。所謂大圓滿光明雲。大慈悲光明雲。大智慧光明雲。大般若光明雲。大三昧光明雲。大吉祥光明雲。大福德光明雲。大功德光明雲。大歸依光明雲。大讚歎光明雲。放如是等不可說光明雲已。又出種種微妙之音。所謂檀波羅蜜音。尸波羅蜜音。羼提波羅蜜音。毘離耶波羅蜜音。禪波羅蜜音。般若波羅蜜音。慈悲音。喜捨音。解脫音。無漏音。智慧音。大智慧音。師子吼音。大師子吼音。雲雷音。大雲雷音。出如是等不可說不可說音已。娑婆世界。及他方國土。有無量億天龍鬼神。亦集到忉利天宮。所謂四天王天。忉利天。須焰摩天。兜率陀天。化樂天。他化自在天。梵眾天。梵輔天。大梵天。少光天。無量光天。光音天。少淨天。無量淨天。遍淨天。福生天。福愛天。廣果天。無想天。無煩天。無熱天。善見天。善現天。色究竟天。摩醯首羅天。乃至非想非非想處天。一切天眾。龍眾。鬼神等眾。悉來集會。復有他方國土。及娑婆世界海神。江神。河神。樹神。山神。地神。川澤神。苗稼神。晝神。夜神。空神。天神。飲食神。草木神。如是等神。皆來集會。復有他方國土及娑婆世界。諸大鬼王。所謂惡目鬼王。噉血鬼王。噉精氣鬼王。噉胎卵鬼王。行病鬼王。攝毒鬼王。慈心鬼王。福利鬼王。大愛敬鬼王。如是等鬼王。皆來集會。爾時釋迦牟尼佛。告文殊師利法王子菩薩摩訶薩。汝觀是一切諸佛菩薩及天龍鬼神。此世界他世界。此國土他國土。如是今來集會到忉利天者。汝知數不。文殊師利白佛言。世尊。若以我神力。千劫測度。不能得知。佛告文殊師利。吾以佛眼觀故。猶不盡數。此皆是地藏菩薩久遠劫來。已度。當度。未度。已成就。當成就。未成就。文殊師利白佛言。世尊。我已過去久修善根。證無礙智。聞佛所言。即當信受。小果聲聞。天龍八部。及未來世諸眾生等。雖聞如來誠實之語。必懷疑惑。設使頂受。未免興謗。唯願世尊。廣說地藏菩薩摩訶薩。因地作何行。立何願。而能成就不思議事。佛告文殊師利。譬如三千大千世界所有草木叢林。稻麻竹葦。山石微塵。一物一數。作一恆河。一恆河沙。一沙一界。一界之內。一塵一劫。一劫之內。所積塵數盡充為劫。地藏菩薩證十地果位已來。千倍多於上喻。何況地藏菩薩在聲聞辟支佛地。文殊師利。此菩薩威神誓願。不可思議。若未來世。有善男子善女人。聞是菩薩名字。或讚歎。或瞻禮。或稱名。或供養。乃至彩畫刻鏤塑漆形像。是人當得百返生於三十三天。永不墮惡道。文殊師利。是地藏菩薩摩訶薩。於過去久遠不可說不可說劫前。身為大長者子。時世有佛。號曰師子奮迅具足萬行如來。時長者子見佛相好。千福莊嚴。因問彼佛。作何行願。而得此相。時師子奮迅具足萬行如來告長者子。欲證此身。當須久遠度脫一切受苦眾生。文殊師利。時長者子因發願言。我今盡未來際。不可計劫。為是罪苦六道眾生。廣設方便。盡令解脫。而我自身方成佛道。以是於彼佛前立斯大願。于今百千萬億那由他不可說劫。尚為菩薩。又於過去不可思議阿僧祇劫。時世有佛。號曰覺華定自在王如來。彼佛壽命四百千萬億阿僧祇劫。像法之中。有一婆羅門女。宿福深厚。眾所欽敬。行住坐臥。諸天衛護。其母信邪。常輕三寶。是時聖女。廣設方便。勸誘其母。令生正見。而此女母。未全生信。不久命終。魂神墮在無間地獄。時婆羅門女。知母在世。不信因果。計當隨業。必生惡趣。遂賣家宅。廣求香華。及諸供具。於先佛塔寺。大興供養。見覺華定自在王如來。其形像在一寺中。塑畫威容。端嚴畢備。時婆羅門女。瞻禮尊容。倍生敬仰。私自念言。佛名大覺。具一切智。若在世時。我母死後。儻來問佛。必知處所。時婆羅門女。垂泣良久。瞻戀如來。忽聞空中聲曰。泣者聖女。勿至悲哀。我今示汝母之去處。婆羅門女合掌向空。而白空曰。是何神德。寬我憂慮。我自失母已來。晝夜憶戀。無處可問。知母生界。時空中有聲。再報女曰。我是汝所瞻禮者。過去覺華定自在王如來。見汝憶母。倍於常情眾生之分。故來告示。婆羅門女聞此聲已。舉身自撲。支節皆損。左右扶侍。良久方穌。而白空曰。願佛慈愍。速說我母生界。我今身心將死不久。時覺華定自在王如來。告聖女曰。汝供養畢。但早返舍。端坐思惟吾之名號。即當知母所生去處。時婆羅門女尋禮佛已。即歸其舍。以憶母故。端坐念覺華定自在王如來。經一日一夜。忽見自身到一海邊。其水涌沸。多諸惡獸。盡復鐵身。飛走海上。東西馳逐。見諸男子女人。百千萬數。出沒海中。被諸惡獸爭取食噉。又見夜叉。其形各異。或多手多眼。多足多頭。口牙外出。利刃如劍。驅諸罪人。使近惡獸。復自搏攫。頭足相就。其形萬類。不敢久視。時婆羅門女。以念佛力故。自然無懼。有一鬼王。名曰無毒。稽首來迎。白聖女曰。善哉菩薩。何緣來此。時婆羅門女問鬼王曰。此是何處。無毒答曰。此是大鐵圍山。西面第一重海。聖女問曰。我聞鐵圍之內。地獄在中。是事實不。無毒答曰。實有地獄。聖女問曰。我今云何得到獄所。無毒答曰。若非威神。即須業力。非此二事。終不能到。聖女又問。此水何緣。而乃涌沸。多諸罪人。及以惡獸。無毒答曰。此是閻浮提造惡眾生。新死之者，經四十九日後。無人繼嗣。為作功德。救拔苦難。生時又無善因。當據本業所感地獄。自然先渡此海。海東十萬由旬。又有一海。其苦倍此。彼海之東。又有一海。其苦復倍。三業惡因之所招感。共號業海。其處是也。聖女又問鬼王無毒曰。地獄何在。無毒答曰。三海之內。是大地獄。其數百千。各各差別。所謂大者。具有十八。次有五百。苦毒無量。次有千百。亦無量苦。聖女又問大鬼王曰。我母死來未久。不知魂神當至何趣。鬼王問聖女曰。菩薩之母。在生習何行業。聖女答曰。我母邪見。譏毀三寶。設或暫信。旋又不敬。死雖日淺。未知生處。無毒問曰。菩薩之母。姓氏何等。聖女答曰。我父我母。俱婆羅門種。父號尸羅善現。母號悅帝利。無毒合掌啟菩薩曰。願聖者卻返本處。無至憂憶悲戀。悅帝利罪女。生天以來。經今三日。云承孝順之子。為母設供修福。布施覺華定自在王如來塔寺。非唯菩薩之母。得脫地獄。應是無間罪人。此日悉得受樂。俱同生訖。鬼王言畢。合掌而退。婆羅門女尋如夢歸。悟此事已。便於覺華定自在王如來塔像之前。立弘誓願。願我盡未來劫。應有罪苦眾生。廣設方便。使令解脫。佛告文殊師利。時鬼王無毒者。當今財首菩薩是。婆羅門女者。即地藏菩薩是。

分身集會品第二

爾時百千萬億不可思不可議不可量不可說無量阿僧祇世界。所有地獄處。分身地藏菩薩。俱來集在忉利天宮。以如來神力故。各以方面。與諸得解脫。

從業道出者。亦各有千萬億那由他數。共持香華。來供養佛。彼諸同來等輩。皆因地藏菩薩教化。永不退轉於阿耨多羅三藐三菩提。是諸眾等。久遠劫來。流浪生死。六道受苦。暫無休息。以地藏菩薩廣大慈悲。深誓願故。各獲果證。既至忉利。心懷踊躍。瞻仰如來。目不暫捨。爾時世尊舒金色臂。摩百千萬億不可思不可議不可量不可說無量阿僧祇世界。諸分身地藏菩薩摩訶薩頂。而作是言。吾於五濁惡世。教化如是剛彊眾生。令心調伏。捨邪歸正。十有一二。尚惡習在。吾亦分身千百億。廣設方便。或有利根。聞即信受。或有善果。勤勸成就。或有暗鈍。久化方歸。或有業重。不生敬仰。如是等輩眾生。各各差別。分身度脫。或現男子身。或現女人身。或現天龍身。或現神鬼身。或現山林川原。河池泉井。利及於人。悉皆度脫。或現天帝身。或現梵王身。或現轉輪王身。或現居士身。或現國王身。或現宰輔身。或現官屬身。或現比丘比丘尼。優婆塞優婆夷身。乃至聲聞羅漢。辟支佛菩薩等身。而以化度。非但佛身獨現其前。汝觀吾累劫勤苦。度脫如是等難化剛彊罪苦眾生。其有未調伏者。隨業報應。若墮惡趣。受大苦時。汝當憶念吾在忉利天宮殷勤付囑。令娑婆世界至彌勒出世已來眾生。悉使解脫。永離諸苦。遇佛授記。爾時諸世界分身地藏菩薩。共復一形。涕淚哀戀。白其佛言。我從久遠劫來。蒙佛接引。使獲不可思議神力。具大智慧。我所分身。遍滿百千萬億恆河沙世界。每一世界化百千萬億身。每一身度百千萬億人。令歸敬三寶。永離生死。至涅槃樂。但於佛法中所為善事。一毛一渧。一沙一塵。或毫髮許。我漸度脫。使獲大利。唯願世尊。不以後世惡業眾生為慮。如是三白佛言。唯願世尊。不以後世惡業眾生為慮。爾時佛讚地藏菩薩言。善哉善哉。吾助汝喜。汝能成就久遠劫來。發弘誓願。廣度將畢。即證菩提。

觀眾生業緣品第三

爾時佛母摩耶夫人。恭敬合掌問地藏菩薩言。聖者。閻浮眾生。造業差別。所受報應。其事云何。地藏答言。千萬世界。乃及國土。或有地獄。或無地獄。或有女人。或無女人。或有佛法。或無佛法。乃至聲聞辟支佛。亦復如是。非但地獄罪報一等。摩耶夫人重白菩薩。且願聞於閻浮罪報所感惡趣。地藏答言。聖母。唯願聽受。我麤說之。佛母白言。願聖者說。爾時地藏菩薩白聖母言。南閻浮提。罪報名號如是。若有眾生不孝父母。或至殺害。當墮無間地獄。千萬億劫。求出無期。若有眾生出佛身血。毀謗三寶。不敬尊經。亦當墮於無間地獄。千萬億劫。求出無期。若有眾生侵損常住。點污僧尼。或伽藍內恣行淫欲。或殺或害。如是等輩。當墮無間地獄。千萬億劫。求出無期。若有眾生偽作沙門。心非沙門。破用常住。欺誑白衣。違背戒律。種種造惡。如是等輩當墮無間地獄。千萬億劫。求出無期。若有眾生偷竊常住財物穀米。飲食衣服。乃至一物不與取者。當墮無間地獄。千萬億劫。求出無期。地藏白言。聖母。若有眾生作如是罪。當墮五無間地獄。求暫停苦一念不得。摩耶夫人重白地藏菩薩言。云何名為無間地獄。地藏白言。聖母。諸有地獄在大鐵圍山之內。其大地獄有一十八所。次有五百。名號各別。次有千百。名字亦別。無間獄者。其獄城周匝八萬餘里。其城純鐵。高一萬里。城上火聚。少有空缺。其獄城中。諸獄相連。名號各別。獨有一獄。名曰無間。其獄周匝萬八千里。獄牆高一千里。悉是鐵為。上火徹下。下火徹上。鐵蛇鐵狗。吐火馳逐。獄牆之上。東西而走。獄中有床。遍滿萬里。一人受罪。自見其身遍臥滿床。千萬人受罪。亦各自見身滿床上。眾業所感。獲報如是。又諸罪人。備受眾苦。千百夜叉及以惡鬼。口牙如劍。眼如電光。手復銅爪。拖拽罪人。復有夜叉執大鐵戟。中罪人身。或中口鼻。或中腹背。拋空翻接。或置床上。復有鐵鷹啗罪人目。復有鐵蛇繳罪人頸。百肢節內。悉下長釘。拔舌耕犁。抽腸剉斬。洋銅灌口。熱鐵纏身。萬死千生。業感如是。動經億劫。求出無期。此界壞時。寄生他界。他界次壞。轉寄他方。他方壞時。展轉相寄。此界成後。還復而來。無間罪報。其事如是。又五事業感。故稱無間。何等為五。一者。日夜受罪。以至劫數。無時間絕。故稱無間。二者。一人亦滿。多人亦滿。故稱無間。三者。罪器叉棒。鷹蛇狼犬。碓磨鋸鑿。剉斫鑊湯。鐵網鐵繩。鐵驢鐵馬。生革絡首。熱鐵澆身。飢吞鐵丸。渴飲鐵汁。從年竟劫。數那由他。苦楚相連。更無間斷。故稱無間。四者。不問男子女人。羌胡夷狄。老幼貴賤。或龍或神。或天或鬼。罪行業感。悉同受之。故稱無間。五者。若墮此獄。從初入時。至百千劫。一日一夜。萬死萬生。求一念間暫住不得。除非業盡。方得受生。以此連綿。故稱無間。地藏菩薩白聖母言。無間地獄。麤說如是。若廣說地獄罪器等名。及諸苦事。一劫之中。求說不盡。摩耶夫人聞已。愁憂合掌。頂禮而退。

閻浮眾生業感品第四

爾時地藏菩薩摩訶薩白佛言。世尊。我承佛如來威神力故。遍百千萬億世界。分是身形。救拔一切業報眾生。若非如來大慈力故。即不能作如是變化。我今又蒙佛付囑。至阿逸多成佛已來。六道眾生。遣令度脫。唯然世尊。願不有慮。爾時佛告地藏菩薩。一切眾生未解脫者。性識無定。惡習結業。善習結果。為善為惡。逐境而生。輪轉五道。暫無休息。動經塵劫。迷惑障難。如魚遊網。將是長流。脫入暫出。又復遭網。以是等輩。吾當憂念。汝既畢是往願。累劫重誓。廣度罪輩。吾復何慮。說是語時。會中有一菩薩摩訶薩。名定自在王。白佛言。世尊。地藏菩薩累劫已來。各發何願。今蒙世尊殷勤讚歎。唯願世尊。略而說之。爾時世尊告定自在王菩薩。諦聽諦聽。善思念之。吾當為汝分別解說。乃往過去無量阿僧祇那由他不可說劫。爾時有佛。號一切智成就如來。應供。正遍知。明行足。善逝。世間解。無上士。調御丈夫。天人師。佛。世尊。其佛壽命六萬劫。未出家時。為小國王。與一鄰國王為友。同行十善。饒益眾生。其鄰國內所有人民。多造眾惡。二王議計。廣設方便。一王發願。早成佛道。當度是輩。令使無餘。一王發願。若不先度罪苦。令是安樂。得至菩提。我終未願成佛。佛告定自在王菩薩。一王發願早成佛者。即一切智成就如來是。一王發願永度罪苦眾生。未願成佛者。即地藏菩薩是。復於過去無量阿僧祇劫。有佛出世。名清淨蓮華目如來。其佛壽命四十劫。像法之中。有一羅漢。福度眾生。因次教化。遇一女人。字曰光目。設食供養。羅漢問之。欲願何等。光目答言。我以母亡之日。資福救拔。未知我母生處何趣。羅漢愍之。為入定觀。見光目女母墮在惡趣。受極大苦。羅漢問光目言。汝母在生作何行業。今在惡趣受極大苦。光目答言。我母所習。唯好食噉魚鼈之屬。所食魚鼈。多食其子。或炒或煮。恣情食噉。計其命數。千萬復倍。尊者慈愍。如何哀救。羅漢愍之。為作方便。勸光目言。汝可志誠念清淨蓮華目如來。兼塑畫形像。存亡獲報。光目聞已。即捨所愛。尋畫佛像而供養之。復恭敬心。悲泣瞻禮。忽於夜後。夢見佛身金色晃耀。如須彌山。放大光明。而告光目。汝母不久當生汝家。纔覺飢寒。即當言說。其後家內婢生一子。未滿三日。而乃言說。稽首悲泣。告於光目。生死業緣。果報自受。吾是汝母。久處暗冥。自別汝來。累墮大地獄。蒙汝福力。方得受生。為下賤人。又復短命。

壽年十三。更落惡道。汝有何計。令吾脫免。光目聞說。知母無疑。哽咽悲啼而白婢子。既是我母。合知本罪。作何行業。墮於惡道。婢子答言。以殺害毀罵二業受報。若非蒙福。救拔吾難。以是業故。未合解脫。光目問言。地獄罪報。其事云何。婢子答言。罪苦之事。不忍稱說。百千歲中。卒白難竟。光目聞已。啼淚號泣而白空界。願我之母。永脫地獄。畢十三歲。更無重罪。及歷惡道。十方諸佛慈哀愍我。聽我為母所發廣大誓願。若得我母永離三塗及斯下賤。乃至女人之身永劫不受者。願我自今日後。對清淨蓮華目如來像前。卻後百千萬億劫中。應有世界。所有地獄及三惡道諸罪苦眾生。誓願救拔。令離地獄惡趣。畜生餓鬼等。如是罪報等人。盡成佛竟。我然後方成正覺。發誓願已。具聞清淨蓮華目如來而告之曰。光目。汝大慈愍。善能為母發如是大願。吾觀汝母十三歲畢。捨此報已。生為梵志。壽年百歲。過是報後。當生無憂國土。壽命不可計劫。後成佛果。廣度人天。數如恆河沙。佛告定自在王。爾時羅漢福度光目者。即無盡意菩薩是。光目母者。即解脫菩薩是。光目女者。即地藏菩薩是。過去久遠劫中。如是慈愍。發恆河沙願。廣度眾生。未來世中。若有男子女人。不行善者行惡者。乃至不信因果者。邪婬妄語者。兩舌惡口者。毀謗大乘者。如是諸業眾生。必墮惡趣。若遇善知識。勸令一彈指間。歸依地藏菩薩。是諸眾生。即得解脫三惡道報。若能志心歸敬及瞻禮讚歎。香華衣服。種種珍寶。或復飲食。如是奉事者。未來百千萬億劫中。常在諸天受勝妙樂。若天福盡。下生人間。猶百千劫常為帝王。能憶宿命因果本末。定自在王。如是地藏菩薩有如此不可思議大威神力。廣利眾生。汝等諸菩薩當記是經。廣宣流布。定自在王白佛言。世尊。願不有慮。我等千萬億菩薩摩訶薩。必能承佛威神廣演是經。於閻浮提利益眾生。定自在王菩薩白世尊已。合掌恭敬作禮而退。爾時四方天王俱從座起。合掌恭敬白佛言。世尊。地藏菩薩於久遠劫來。發如是大願。云何至今猶度未絕。更發廣大誓言。唯願世尊為我等說。佛告四天王。善哉善哉。吾今為汝及未來現在天人眾等。廣利益故。說地藏菩薩於娑婆世界閻浮提內生死道中。慈哀救拔度脫一切罪苦眾生方便之事。四天王言。唯然世尊。願樂欲聞。佛告四天王。地藏菩薩久遠劫來。迄至于今。度脫眾生。猶未畢願。慈愍此世罪苦眾生。復觀未來無量劫中。因蔓不斷。以是之故。又發重願。如是菩薩於娑婆世界。閻浮提中。百千萬億方便。而為教化。四天王。地藏菩薩若遇殺生者。說宿殃短命報。若遇竊盜者。說貧窮苦楚報。若遇邪婬者。說雀鴿鴛鴦報。若遇惡口者。說眷屬鬪諍報。若遇毀謗者。說無舌瘡口報。若遇瞋恚者。說醜陋癃殘報。若遇慳悋者。說所求違願報。若遇飲食無度者。說飢渴咽病報。若遇畋獵恣情者。說驚狂喪命報。若遇悖逆父母者。說天地災殺報。若遇燒山林木者。說狂迷取死報。若遇前後父母惡毒者。說返生鞭撻現受報。若遇網捕生雛者。說骨肉分離報。若遇毀謗三寶者。說盲聾瘖瘂報。若遇輕法慢教者。說永處惡道報。若遇破用常住者。說億劫輪迴地獄報。若遇污梵誣僧者。說永在畜生報。若遇湯火斬斫傷生者。說輪迴遞償報。若遇破戒犯齋者。說禽獸飢餓報。若遇非理毀用者。說所求闕絕報。若遇吾我貢高者。說卑使下賤報。若遇兩舌鬪亂者。說無舌百舌報。若遇邪見者。說邊地受生報。如是等閻浮提眾生。身口意業。惡習結果。百千報應。今麁略說。如是等閻浮提眾生業感差別。地藏菩薩百千方便而教化之。是諸眾生。先受如是等報。後墮地獄。動經劫數。無有出期。是故汝等護人護國。無令是諸眾業。迷惑眾生。四天王聞已。涕淚悲歎合掌而退。

地獄名號品第五

爾時普賢菩薩摩訶薩白地藏菩薩言。仁者。願為天龍四眾。及未來現在一切眾生。說娑婆世界。及閻浮提罪苦眾生。所受報處。地獄名號。及惡報等事。使未來世末法眾生。知是果報。地藏答言。仁者。我今承佛威神。及大士之力。略說地獄名號。及罪報惡報之事。仁者。閻浮提東方有山。號曰鐵圍。其山黑邃。無日月光。有大地獄。號極無間。又有地獄。名大阿鼻。復有地獄。名曰四角。復有地獄。名曰飛刀。復有地獄。名曰火箭。復有地獄。名曰夾山。復有地獄。名曰通槍。復有地獄。名曰鐵車。復有地獄。名曰鐵床。復有地獄。名曰鐵牛。復有地獄。名曰鐵衣。復有地獄。名曰千刃。復有地獄。名曰鐵驢。復有地獄。名曰洋銅。復有地獄。名曰抱柱。復有地獄。名曰流火。復有地獄。名曰耕舌。復有地獄。名曰剉首。復有地獄。名曰燒腳。復有地獄。名曰啗眼。復有地獄。名曰鐵丸。復有地獄。名曰諍論。復有地獄。名曰鐵鈇。復有地獄。名曰多瞋。地藏白言。仁者。鐵圍之內。有如是等地獄。其數無限。更有叫喚地獄。拔舌地獄。糞尿地獄。銅鎖地獄。火象地獄。火狗地獄。火馬地獄。火牛地獄。火山地獄。火石地獄。火床地獄。火梁地獄。火鷹地獄。鋸牙地獄。剝皮地獄。飲血地獄。燒手地獄。燒腳地獄。倒刺地獄。火屋地獄。鐵屋地獄。火狼地獄。如是等地獄。其中各各復有諸小地獄。或一或二。或三或四。乃至百千。其中名號。各各不同。地藏菩薩告普賢菩薩言。仁者。此者皆是南閻浮提行惡眾生。業感如是。業力甚大。能敵須彌。能深巨海。能障聖道。是故眾生莫輕小惡。以為無罪。死後有報。纖毫受之。父子至親。岐路各別。縱然相逢。無肯代受。我今承佛威力。略說地獄罪報之事。唯願仁者暫聽是言。普賢答言。吾已久知三惡道報。望仁者說。令後世末法一切惡行眾生。聞仁者說。使令歸佛。地藏白言。仁者。地獄罪報。其事如是。或有地獄。取罪人舌。使牛耕之。或有地獄。取罪人心。夜叉食之。或有地獄。鑊湯盛沸。煮罪人身。或有地獄。赤燒銅柱。使罪人抱。或有地獄。使諸火燒。趁及罪人。或有地獄。一向寒氷。或有地獄。無限糞尿。或有地獄。純飛鏃鑗。或有地獄。多攢火槍。或有地獄。唯撞胸背。或有地獄。但燒手足。或有地獄。盤繳鐵蛇。或有地獄。驅逐鐵狗。或有地獄。盡駕鐵騾。仁者。如是等報。各各獄中。有百千種業道之器。無非是銅是鐵。是石是火。此四種物。

眾業行感。若廣說地獄罪報等事。一一獄中。更有百千種苦楚。何況多獄。我今承佛威神及仁者問。略說如是。若廣解說。窮劫不盡。

如來讚歎品第六

爾時世尊舉身放大光明。遍照百千萬億恆河沙等諸佛世界。出大音聲。普告諸佛世界一切諸菩薩摩訶薩。及天龍鬼神人非人等。聽吾今日稱揚讚歎地藏菩薩摩訶薩。於十方世界。現大不可思議威神慈悲之力。救護一切罪苦之事。吾滅度後。汝等諸菩薩大士。及天龍鬼神等。廣作方便。衛護是經。令一切眾生證涅槃樂。說是語已。會中有一菩薩。名曰普廣。合掌恭敬而白佛言。今見世尊讚歎地藏菩薩。有如是不可思議大威神德。唯願世尊為未來世末法眾生。宣說地藏菩薩利益人天因果等事。使諸天龍八部。及未來世眾生。頂受佛語。爾時世尊告普廣菩薩及四眾等。諦聽諦聽。吾當為汝略說地藏菩薩利益人天福德之事。普廣白言。唯然世尊。願樂欲聞。佛告普廣菩薩。未來世中。若有善男子善女人。聞是地藏菩薩摩訶薩名者。或合掌者。讚歎者。作禮者。戀慕者。是人超越三十劫罪。普廣。若有善男子善女人。或彩畫形像。或土石膠漆。金銀銅鐵。作此菩薩。一瞻一禮者。是人百返生於三十三天。永不墮於惡道。假如天福盡故。下生人間。猶為國王。不失大利。若有女人。厭女人身。盡心供養地藏菩薩畫像。及土石膠漆銅鐵等像。如是日日不退。常以華香。飲食衣服。繒綵幢旛。錢寶物等供養。是善女人。盡此一報女身。百千萬劫。更不生有女人世界。何況復受。除非慈願力故。要受女身。度脫眾生。承斯供養地藏力故。及功德力。百千萬劫不受女身。復次普廣。若有女人。厭是醜陋多疾病者。但於地藏像前。志心瞻禮。食頃之間。是人千萬劫中所受生身。相貌圓滿。是醜陋女人。如不厭女身。即百千萬億生中。常為王女。乃及王妃。宰輔大姓。大長者女。端正受生。諸相圓滿。由志心故。瞻禮地藏菩薩。獲福如是。復次普廣。若有善男子善女人。能對菩薩像前。作諸伎樂。及歌詠讚歎。香華供養。乃至勸於一人多人。如是等輩。現在世中及未來世。常得百千鬼神日夜衛護。不令惡事輒聞其耳。何況親受諸橫。復次普廣。未來世中。若有惡人及惡神惡鬼。見有善男子善女人。歸敬供養讚歎瞻禮地藏菩薩形像。或妄生譏毀。謗無功德及利益事。或露齒笑。或背面非。或勸人共非。或一人非。或多人非。乃至一念生譏毀者。如是之人。賢劫千佛滅度。譏毀之報。尚在阿鼻地獄受極重罪。過是劫已。方受餓鬼。又經千劫。復受畜生。又經千劫。方得人身。縱受人身。貧窮下賤。諸根不具。多被惡業來結其心。不久之間。復墮惡道。是故普廣。譏毀他人供養。尚獲此報。何況別生惡見毀滅。復次普廣。若未來世。有男子女人久處床枕。求生求死。了不可得。或夜夢惡鬼。乃及家親。或遊險道。或多魘寐。共鬼神遊。日月歲深。轉復尪瘵。眠中叫苦。慘悽不樂者。此皆是業道論對。未定輕重。或難捨壽。或不得愈。男女俗眼。不辨是事。但當對諸佛菩薩像前。高聲轉讀此經一遍。或取病人可愛之物。或衣服寶貝。莊園舍宅。對病人前。高聲唱言。我某甲等。為是病人。對經像前捨諸等物。或供養經像。或造佛菩薩形像。或造塔寺。或然油燈。或施常住。如是三白病人。遣令聞知。假令諸識分散。至氣盡者。乃至一日二日三日四日至七日已來。但高聲白。高聲讀經。是人命終之後。宿殃重罪。至于五無間罪。永得解脫。所受生處。常知宿命。何況善男子善女人自書此經。或教人書。或自塑畫菩薩形像。乃至教人塑畫。所受果報。必獲大利。是故普廣。若見有人讀誦是經。乃至一念讚歎是經。或恭敬者。汝須百千方便。勸是等人。勤心莫退。能得未來現在千萬億不可思議功德。復次普廣。若未來世諸眾生等。或夢或寐見諸鬼神乃及諸形。或悲或啼。或愁或歎。或恐或怖。此皆是一生十生百生千生過去父母。男女弟妹。夫妻眷屬。在於惡趣。未得出離。無處希望福力救拔。當告宿世骨肉。使作方便。願離惡道。普廣。汝以神力。遣是眷屬。令對諸佛菩薩像前。志心自讀此經。或請人讀。其數三遍或七遍。如是惡道眷屬。經聲畢是遍數。當得解脫。乃至夢寐之中。永不復見。復次普廣。若未來世有諸下賤等人。或奴或婢。乃至諸不自由之人。覺知宿業。要懺悔者。志心瞻禮地藏菩薩形像。乃至一七日中。念菩薩名。可滿萬遍。如是等人。盡此報後。千萬生中。常生尊貴。更不經三惡道苦。復次普廣。若未來世中。閻浮提內。剎利。婆羅門。長者。居士。一切人等。及異姓種族。有新產者。或男或女。七日之中。早與讀誦此不思議經典。更為念菩薩名。可滿萬遍。是新生子或男或女。宿有殃報。便得解脫。安樂易養。壽命增長。若是承福生者。轉增安樂。及與壽命。復次普廣。若未來世眾生。於月一日。八日。十四日。十五日。十八日。二十三。二十四。二十八。二十九日。乃至三十日。是諸日等。諸罪結集。定其輕重。南閻浮提眾生。舉止動念。無不是業。

無不是罪。何況恣情殺害。竊盜。邪婬。妄語。百千罪狀。能於是十齋日。對佛菩薩諸賢聖像前。讀是經一遍。東西南北百由旬內。無諸災難。當此居家。若長若幼。現在未來百千歲中。永離惡趣。能於十齋日每轉一遍。現世令此居家無諸橫病。衣食豐溢。是故普廣。當知地藏菩薩有如是等不可說百千萬億大威神力。利益之事。閻浮眾生。於此大士有大因緣。是諸眾生。聞菩薩名。見菩薩像。乃至聞是經三字五字。或一偈一句者。現在殊妙安樂。未來之世。百千萬生。常得端正。生尊貴家。爾時普廣菩薩。聞佛如來稱揚讚歎地藏菩薩已。胡跪合掌。復白佛言。世尊。我久知是大士有如此不可思議神力。及大誓願力。為未來眾生遣知利益。故問如來。唯然頂受。世尊。當何名此經。使我云何流布。佛告普廣。此經有三名。一名地藏本願。亦名地藏本行。亦名地藏本誓力經。緣此菩薩。久遠劫來。發大重願。利益眾生。是故汝等。依願流布。普廣聞已。合掌恭敬。作禮而退。

利益存亡品第七

爾時地藏菩薩摩訶薩白佛言。世尊。我觀是閻浮眾生。舉心動念。無非是罪。脫獲善利。多退初心。若遇惡緣。念念增益。是等輩人。如履泥塗。負於重石。漸困漸重。足步深邃。若得遇知識。替與減負。或全與負。是知識有大力故。復相扶助。勸令牢腳。若達平地。須省惡路。無再經歷。世尊。習惡眾生。從纖毫間。便至無量。是諸眾生有如此習。臨命終時。父母眷屬。宜為設福。以資前路。或懸旛蓋及然油燈。或轉讀尊經。或供養佛像及諸聖像。乃至念佛菩薩。及辟支佛名字。一名一號。歷臨終人耳根。或聞在本識。是諸眾生所造惡業。計其感果。必墮惡趣。緣是眷屬為臨終人修此聖因。如是眾罪。悉皆銷滅。若能更為身死之後。七七日內。廣造眾善。能使是諸眾生永離惡趣。得生人天。受勝妙樂。現在眷屬。利益無量。是故我今對佛世尊。及天龍八部人非人等。勸於閻浮提眾生臨終之日。慎勿殺害。及造惡緣。拜祭鬼神。求諸魍魎。何以故。爾所殺害乃至拜祭。無纖毫之力。利益亡人。但結罪緣。轉增深重。假使來世或現在生。得獲聖分。生人天中。緣是臨終被諸眷屬造是惡因。亦令是命終人殃累對辯。晚生善處。何況臨命終人。在生未曾有少善根。各據本業。自受惡趣。何忍眷屬更為增業。譬如有人從遠地來。絕糧三日。所負擔物。彊過百斤。忽遇鄰人。更附少物。以是之故。轉復困重。世尊。我觀閻浮眾生。但能於諸佛教中。乃至善事。一毛一渧。一沙一塵。如是利益。悉皆自得。說是語時。會中有一長者。名曰大辯。是長者久證無生。化度十方。現長者身。合掌恭敬。問地藏菩薩言。大士。是南閻浮提眾生。命終之後。小大眷屬。為修功德。乃至設齋。造眾善因。是命終人。得大利益及解脫不。地藏答言。長者。我今為未來現在一切眾生。承佛威力。略說是事。長者。未來現在諸眾生等。臨命終日。得聞一佛名。一菩薩名。一辟支佛名。不問有罪無罪。悉得解脫。若有男子女人。在生不修善因。多造眾罪。命終之後。眷屬小大。為造福利。一切聖事。七分之中而乃獲一。六分功德。生者自利。以是之故。未來現在善男女等。聞健自修。分分己獲。無常大鬼。不期而到。冥冥遊神。未知罪福。七七日內。如癡如聾。或在諸司。辯論業果。審定之後。據業受生。未測之間。千萬愁苦。何況墮於諸惡趣等。是命終人。未得受生。在七七日內。念念之間。望諸骨肉眷屬。與造福力救拔。過是日後。隨業受報。

若是罪人。動經千百歲中。無解脫日。若是五無間罪。墮大地獄。千劫萬劫。永受眾苦。復次長者。如是罪業眾生。命終之後。眷屬骨肉。為修營齋。資助業道。未齋食竟。及營齋之次。米泔菜葉。不棄於地。乃至諸食未獻佛僧。勿得先食。如有違食及不精勤。是命終人。了不得力。如精勤護淨奉獻佛僧。是命終人。七分獲一。是故長者。閻浮眾生。若能為其父母乃至眷屬。命終之後。設齋供養。志心勤懇。如是之人。存亡獲利。說是語時。忉利天宮。有千萬億那由他閻浮鬼神。悉發無量菩提之心。大辯長者作禮而退。

閻羅王眾讚歎品第八

爾時鐵圍山內。有無量鬼王。與閻羅天子。俱詣忉利。來到佛所。所謂惡毒鬼王。多惡鬼王。大諍鬼王。白虎鬼王。血虎鬼王。赤虎鬼王。散殃鬼王。飛身鬼王。電光鬼王。狼牙鬼王。千眼鬼王。噉獸鬼王。負石鬼王。主耗鬼王。主禍鬼王。主食鬼王。主財鬼王。主畜鬼王。主禽鬼王。主獸鬼王。主魅鬼王。主產鬼王。主命鬼王。主疾鬼王。主險鬼王。三目鬼王。四目鬼王。

五目鬼王。祁利失王。大祁利失王。祁利叉王。大祁利叉王。阿那吒王。大阿那吒王。如是等大鬼王。各各與百千諸小鬼王。盡居閻浮提。各有所執。各有所主。是諸鬼王與閻羅天子。承佛威神。及地藏菩薩摩訶薩力。俱詣忉利。在一面立。爾時閻羅天子胡跪合掌白佛言。世尊。我等今者與諸鬼王。承佛威神。及地藏菩薩摩訶薩力。方得詣此忉利大會。亦是我等獲善利故。我今有小疑事。敢問世尊。唯願世尊慈悲宣說。佛告閻羅天子。恣汝所問。吾為汝說。是時閻羅天子瞻禮世尊。及迴視地藏菩薩。而白佛言。世尊。我觀地藏菩薩在六道中。百千方便而度罪苦眾生。不辭疲倦。是大菩薩有如是不可思議神通之事。然諸眾生脫獲罪報。未久之間。又墮惡道。世尊。是地藏菩薩既有如是不可思議神力。云何眾生而不依止善道。永取解脫。唯願世尊為我解說。佛告閻羅天子。南閻浮提眾生。其性剛彊。難調難伏。是大菩薩。於百千劫。頭頭救拔如是眾生。早令解脫。是罪報人乃至墮大惡趣。菩薩以方便力。拔出根本業緣。而遣悟宿世之事。自是閻浮眾生結惡習重。旋出旋入。勞斯菩薩久經劫數而作度脫。譬如有人迷失本家。誤入險道。其險道中。多諸夜叉。及虎狼師子。蚖蛇蝮蠍。如是迷人。在險道中。須臾之間。即遭諸毒。有一知識。多解大衖。善禁是毒。乃及夜叉諸惡毒等。忽逢迷人欲進險道。而語之言。咄哉男子。為何事故而入此路。有何異術。能制諸毒。是迷路人忽聞是語。方知險道。即便退步。求出此路。是善知識。提攜接手。引出險道。免諸惡毒。至于好道。令得安樂。而語之言。咄哉迷人。自今已後。勿履是道。此路入者。卒難得出。復損性命。是迷路人亦生感重。臨別之時。知識又言。若見親知及諸路人。若男若女。言於此路多諸毒惡。喪失性命。無令是眾自取其死。是故地藏菩薩具大慈悲。救拔罪苦眾生。生天人中。令受妙樂。是諸罪眾。知業道苦。脫得出離。永不再歷。如迷路人。誤入險道。遇善知識引接令出。永不復入。逢見他人。復勸莫入。自言因是迷故。得解脫竟。更不復入。若再履踐。猶尚迷誤。不覺舊曾所落險道。或致失命。如墮惡趣。地藏菩薩方便力故。使令解脫。生人天中。旋又再入。若業結重。永處地獄。無解脫時。爾時惡毒鬼王合掌恭敬白佛言。世尊。我等諸鬼王。其數無量。在閻浮提。或利益人。或損害人。各各不同。然是業報。使我眷屬遊行世界。多惡少善。過人家庭。或城邑聚落。莊園房舍。或有男子女人。修毛髮善事。乃至懸一旛一蓋。少香少華。供養佛像及菩薩像。或轉讀尊經。燒香供養一句一偈。我等鬼王敬禮是人。如過去現在未來諸佛。勅諸小鬼。各有大力。及土地分。便令衛護。不令惡事橫事。惡病橫病。乃至不如意事。近於此舍等處。何況入門。佛讚鬼王。善哉善哉。汝等及與閻羅。能如是擁護善男女等。吾亦告梵王帝釋。令衛護汝。說是語時。會中有一鬼王。名曰主命。白佛言。世尊。我本業緣。主閻浮人命。生時死時。我皆主之。在我本願。甚欲利益。自是眾生不會我意。致令生死俱不得安。何以故。是閻浮提人初生之時。不問男女。或欲生時。但作善事。增益舍宅。自令土地無量歡喜。擁護子母。得大安樂。利益眷屬。或已生下。慎勿殺害。取諸鮮味供給產母。及廣聚眷屬。飲酒食肉。歌樂絃管。能令子母不得安樂。何以故。是產難時。有無數惡鬼及魍魎精魅。欲食腥血。是我早令舍宅土地靈祇。荷護子母。使令安樂。而得利益。如是之人。見安樂故。便合設福。答諸土地。翻為殺害。集聚眷屬。以是之故。犯殃自受。子母俱損。又閻浮提臨命終人。不問善惡。我欲令是命終之人。不落惡道。何況自修善根增我力故。是閻浮提行善之人。臨命終時。亦有百千惡道鬼神。或變作父母。乃至諸眷屬。引接亡人。令落惡道。何況本造惡者。世尊。如是閻浮提男子女人臨命終時。神識惛昧。不辯善惡。乃至眼耳更無見聞。是諸眷屬。當須設大供養。轉讀尊經。念佛菩薩名號。如是善緣。能令亡者離諸惡道。諸魔鬼神悉皆退散。世尊。一切眾生臨命終時。若得聞一佛名。一菩薩名。或大乘經典。一句一偈。我觀如是輩人。除五無間殺害之罪。小小惡業。合墮惡趣者。尋即解脫。佛告主命鬼王。汝大慈故。能發如是大願。於生死中。護諸眾生。若未來世中。有男子女人至生死時。汝莫退是願。總令解脫。永得安樂。鬼王白佛言。願不有慮。我畢是形。念念擁護閻浮眾生。生時死時。俱得安樂。但願諸眾生於生死時。信受我語。無不解脫。獲大利益。爾時佛告地藏菩薩。是大鬼王主命者。已曾經百千生。作大鬼王。於生死中。擁護眾生。是大士慈悲願故。現大鬼身。實非鬼也。卻後過一百七十劫。當得成佛。號曰無相如來。劫名安樂。世界名淨住。其佛壽命不可計劫。地藏。是大鬼王。其事如是不可思議。所度天人亦不可限量。

稱佛名號品第九

爾時地藏菩薩摩訶薩白佛言。世尊。我今為未來眾生演利益事。於生死中。得大利益。唯願世尊聽我說之。佛告地藏菩薩。汝今欲興慈悲。救拔一切罪苦六道眾生。演不思議事。今正是時。唯當速說。吾即涅槃。使汝早畢是願。吾亦無憂現在未來一切眾生。地藏菩薩白佛言。世尊。過去無量阿僧祇劫。有佛出世。號無邊身如來。若有男子女人聞是佛名。暫生恭敬。即得超越四十劫生死重罪。何況塑畫形像。供養讚歎。其人獲福無量無邊。又於過去恆河沙劫。有佛出世。號寶性如來。若有男子女人聞是佛名。一彈指頃。發心歸依。是人於無上道永不退轉。又於過去有佛出世。號波頭摩勝如來。若有男子女人聞是佛名。歷於耳根。是人當得千返生於六欲天中。何況志心稱念。又於過去不可說不可說阿僧祇劫。有佛出世。號師子吼如來。若有男子女人聞是佛名。一念歸依。是人得遇無量諸佛摩頂授記。又於過去有佛出世。號拘留孫佛。若有男子女人聞是佛名。志心瞻禮。或復讚歎。是人於賢劫千佛會中。為大梵王。得授上記。又於過去有佛出世。號毘婆尸。若有男子女人聞是佛名。永不墮惡道。常生人天。受勝妙樂。又於過去無量無數恆河沙劫。有佛出世。號寶勝如來。若有男子女人聞是佛名。畢竟不墮惡道。常在天上受勝妙樂。又於過去有佛出世。號寶相如來。若有男子女人聞是佛名。生恭敬心。是人不久得阿羅漢果。又於過去無量阿僧祇劫。有佛出世。號袈裟幢如來。若有男子女人聞是佛名者。超一百大劫生死之罪。又於過去有佛出世。號大通山王如來。若有男子女人聞是佛名者。是人得遇恆河沙佛廣為說法。必成菩提。又於過去有淨月佛。山王佛。智勝佛。淨名王佛。智成就佛。無上佛。妙聲佛。滿月佛。月面佛。有如是等不可說佛。世尊。現在未來一切眾生。若天若人。若男若女。但念得一佛名號。功德無量。何況多名。是眾生等。生時死時。自得大利。終不墮惡道。若有臨命終人。家中眷屬。乃至一人。為是病人高聲念一佛名。是命終人。除五無間罪。餘業報等悉得銷滅。是五無間罪。雖至極重。動經億劫。了不得出。承斯臨命終時。他人為其稱念佛名。於是罪中。亦漸銷滅。何況眾生自稱自念。獲福無量。滅無量罪。

校量布施功德緣品第十

爾時地藏菩薩摩訶薩承佛威神。從座而起。胡跪合掌白佛言。世尊。我觀業道眾生。校量布施。有輕有重。有一生受福。有十生受福。有百生千生受大福利者。是事云何。唯願世尊為我說之。爾時佛告地藏菩薩。吾今於忉利天宮一切眾會。說閻浮提布施校量功德輕重。汝當諦聽。吾為汝說。地藏白佛言。我疑是事。願樂欲聞。佛告地藏菩薩。南閻浮提。有諸國王。宰輔大臣。大長者。大剎利。大婆羅門等。若遇最下貧窮。乃至癃殘瘖瘂。聾癡無目。如是種種不完具者。是大國王等欲布施時。若能具大慈悲下心含笑。親手遍布施。或使人施。軟言慰喻。是國王等所獲福利。如布施百恆河沙佛功德之利。何以故。緣是國王等。於是最貧賤輩及不完具者發大慈心。是故福利有如此報。百千生中。常得七寶具足。何況衣食受用。復次地藏。若未來世。有諸國王至婆羅門等。遇佛塔寺。或佛形像。乃至菩薩聲聞辟支佛像。躬自營辦供養布施。是國王等。當得三劫為帝釋身。受勝妙樂。若能以此布施福利。迴向法界。是大國王等。於十劫中。常為大梵天王。復次地藏。若未來世。有諸國王。至婆羅門等。遇先佛塔廟。或至經像。毀壞破落。乃能發心修補。是國王等。或自營辦。或勸他人。乃至百千人等布施結緣。是國王等。百千生中常為轉輪王身。如是他人同布施者。百千生中常為小國王身。更能於塔廟前。發迴向心。如是國王乃及諸人。盡成佛道。以此果報無量無邊。復次地藏。未來世中。有諸國王及婆羅門等。見諸老病及生產婦女。若一念間。具大慈心。布施醫藥飲食臥具。使令安樂。如是福利最不思議。一百劫中常為淨居天主。二百劫中常為六欲天主。畢竟成佛。永不墮惡道。乃至百千生中。耳不聞苦聲。復次地藏。若未來世中。有諸國王及婆羅門等。能作如是布施。獲福無量。更能迴向。不問多少。畢竟成佛。何況釋梵轉輪之報。是故地藏。普勸眾生當如是學。復次地藏。未來世中。若善男子善女人。於佛法中。種少善根。毛髮沙塵等許。所受福利。不可為喻。復次地藏。未來世中。若有善男子善女人。遇佛形像。菩薩形像。辟支佛形像。轉輪王形像。布施供養。得無量福。常在人天受勝妙樂。若能迴向法界。是人福利不可為喻。復次地藏。未來世中。若有善男子善女人。遇大乘經典。或聽聞一偈一句。發殷重心。讚歎恭敬。布施供養。是人獲大果報。無量無邊。若能迴向法界。其福不可為喻。復次地藏。若未來世中。有善男子善女人。遇佛塔寺。大乘經典。新者布施供養。瞻禮讚歎。恭敬合掌。若遇故者。或毀壞者。修補營理。或獨發心。或勸多人同共發心。如是等輩。三十生中常為諸小國王。檀越之人。常為輪王。還以善法教化諸小國王。復次地藏。未來世中。若有善男子善女人。於佛法中所種善根。或布施供養。或修補塔寺。或裝理經典。乃至一毛一塵。一沙一渧。如是善事。但能迴向法界。是人功德。百千生中受上妙樂。如但迴向自家眷屬。或自身利益。如是之果。即三生受樂。捨一得萬報。是故地藏。布施因緣。其事如是。

地神護法品第十一

爾時堅牢地神白佛言。世尊。我從昔來。瞻視頂禮無量菩薩摩訶薩。皆是大不可思議神通智慧。廣度眾生。是地藏菩薩摩訶薩。於諸菩薩誓願深重。世尊。是地藏菩薩。於閻浮提有大因緣。如文殊普賢。觀音彌勒。亦化百千身形度於六道。其願尚有畢竟。是地藏菩薩教化六道一切眾生。所發誓願劫數。如千百億恆河沙。世尊。我觀未來及現在眾生。於所住處。於南方清潔之地。以土石竹木作其龕室。是中能塑畫。乃至金銀銅鐵。作地藏形像。燒香供養。瞻禮讚歎。是人居處即得十種利益。何等為十。一者。土地豐壤。二者。家宅永安。三者。先亡生天。四者。現存益壽。五者。所求遂意。六者。無水火災。七者。虛耗辟除。八者。杜絕惡夢。九者。出入神護。十者。多遇聖因。世尊。未來世中。及現在眾生。若能於所住處方面。作如是供養。得如是利益。復白佛言。世尊。未來世中。若有善男子善女人。於所住處。有此經典及菩薩像。是人更能轉讀經典。供養菩薩。我常日夜以本神力。衛護是人。乃至水火盜賊。大橫小橫。一切惡事。悉皆銷滅。佛告堅牢地神。汝大神力。諸神少及。何以故。閻浮土地。悉蒙汝護。乃至草木沙石。稻麻竹葦。穀米寶貝。從地而有。皆因汝力。又常稱揚地藏菩薩利益之事。汝之功德。及以神通。百千倍於常分地神。若未來世中。有善男子善女人。供養菩薩。及轉讀是經。但依地藏本願經一事修行者。汝以本神力而擁護之。勿令一切災害及不如意事。輒聞於耳。何況令受。非但汝獨護是人故。亦有釋梵眷屬。諸天眷屬。擁護是人。何故得如是聖賢擁護。皆由瞻禮地藏形像。及轉讀是本願經故。自然畢竟出離苦海。證涅槃樂。以是之故。得大擁護。

見聞利益品第十二

爾時世尊從頂門上放百千萬億大毫相光。所謂白毫相光。大白毫相光。

瑞毫相光。大瑞毫相光。玉毫相光。大玉毫相光。紫毫相光。大紫毫相光。青毫相光。大青毫相光。碧毫相光。大碧毫相光。紅毫相光。大紅毫相光。綠毫相光。大綠毫相光。金毫相光。大金毫相光。慶雲毫相光。大慶雲毫相光。千輪毫光。大千輪毫光。寶輪毫光。大寶輪毫光。日輪毫光。大日輪毫光。月輪毫光。大月輪毫光。宮殿毫光。大宮殿毫光。海雲毫光。大海雲毫光。於頂門上放如是等毫相光已。出微妙音。告諸大眾。天龍八部。人非人等。聽吾今日於忉利天宮。稱揚讚歎地藏菩薩於人天中。利益等事。不思議事。超聖因事。證十地事。畢竟不退阿耨多羅三藐三菩提事。說是語時。會中有一菩薩摩訶薩。名觀世音。從座而起。胡跪合掌白佛言。世尊。是地藏菩薩摩訶薩具大慈悲。憐愍罪苦眾生。於千萬億世界。化千萬億身。所有功德及不思議威神之力。我聞世尊與十方無量諸佛。異口同音讚歎地藏菩薩云。正使過去現在未來諸佛說其功德。猶不能盡。向者又蒙世尊普告大眾。欲稱揚地藏利益等事。唯願世尊為現在未來一切眾生。稱揚地藏不思議事。令天龍八部。瞻禮獲福。佛告觀世音菩薩。汝於娑婆世界有大因緣。若天若龍。若男若女。若神若鬼。乃至六道罪苦眾生。聞汝名者。見汝形者。戀慕汝者。讚歎汝者。是諸眾生。於無上道。必不退轉。常生人天。具受妙樂。因果將熟。遇佛授記。汝今具大慈悲。憐愍眾生。及天龍八部。聽吾宣說地藏菩薩不思議利益之事。汝當諦聽。吾今說之。觀世音言。唯然世尊。願樂欲聞。佛告觀世音菩薩。未來現在諸世界中。有天人受天福盡。有五衰相現。或有墮於惡道之者。如是天人。若男若女。當現相時。或見地藏菩薩形像。或聞地藏菩薩名。一瞻一禮。是諸天人。轉增天福。受大快樂。永不墮三惡道報。何況見聞菩薩。以諸香華。衣服飲食。寶貝瓔珞。布施供養。所獲功德福利。無量無邊。復次觀世音。若未來現在諸世界中。六道眾生臨命終時。得聞地藏菩薩名。一聲歷耳根者。是諸眾生。永不歷三惡道苦。何況臨命終時。父母眷屬。將是命終人舍宅財物。寶貝衣服。塑畫地藏形像。或使病人未終之時。眼耳見聞。知道眷屬將舍宅寶貝等。為其自身塑畫地藏菩薩形像。是人若是業報。合受重病者。承斯功德。尋即除愈。壽命增益。是人若是業報命盡。應有一切罪障業障。合墮惡趣者。承斯功德。命終之後。即生人天。受勝妙樂。一切罪障。悉皆銷滅。復次觀世音菩薩。若未來世。有男子女人。或乳哺時。或三歲五歲十歲已下。亡失父母。乃及亡失兄弟姊妹。是人年既長大。思憶父母及諸眷屬。不知落在何趣。生何世界。生何天中。是人若能塑畫地藏菩薩形像。乃至聞名。一瞻一禮。一日至七日。莫退初心。聞名見形。瞻禮供養。是人眷屬。假因業故。墮惡趣者。計當劫數。承斯男女。兄弟姊妹。塑畫地藏形像。瞻禮功德。尋即解脫。生人天中。受勝妙樂者。即承斯功德。轉增聖因。受無量樂。是人更能三七日中。一心瞻禮地藏形像。念其名字。滿於萬遍。當得菩薩現無邊身。具告是人。眷屬生界。或於夢中。菩薩現大神力。親領是人。於諸世界。見諸眷屬。更能每日念菩薩名千遍。至于千日。是人當得菩薩遣所在土地鬼神。終身衛護。現世衣食豐溢。無諸疾苦。乃至橫事不入其門。何況及身。是人畢竟得菩薩摩頂授記。復次觀世音菩薩。若未來世。有善男子善女人。欲發廣大慈心。救度一切眾生者。欲修無上菩提者。欲出離三界者。是諸人等。見地藏形像。及聞名者。至心歸依。或以香華衣服。寶貝飲食。供養瞻禮。是善男女等。所願速成。永無障礙。復次觀世音。若未來世。有善男子善女人。欲求現在未來百千萬億等願。百千萬億等事。但當歸依瞻禮。供養讚歎。地藏菩薩形像。如是所願所求。悉皆成就。復願地藏菩薩具大慈悲。永擁護我。是人於睡夢中即得菩薩摩頂授記。復次觀世音菩薩。若未來世。善男子善女人。於大乘經典。深生珍重。發不思議心。欲讀欲誦。縱遇明師。教視令熟。旋得旋忘。動經年月。不能讀誦。是善男子等。有宿業障。未得銷除。故於大乘經典。無讀誦性。如是之人。聞地藏菩薩名。見地藏菩薩像。具以本心恭敬陳白。更以香華。衣服飲食。一切玩具。供養菩薩。以淨水一盞。經一日一夜。安菩薩前。然後合掌請服。迴首向南。臨入口時。至心鄭重。服水既畢。慎五辛酒肉。邪婬妄語。及諸殺害。一七日或三七日。是善男子善女人。於睡夢中。具見地藏菩薩現無邊身。於是人處。授灌頂水。其人夢覺。即獲聰明。應是經典。一歷耳根。即當永記。更不忘失一句一偈。復次觀世音菩薩。若未來世有諸人等。衣食不足。求者乖願。或多病疾。或多凶衰。家宅不安。眷屬分散。或諸橫事。多來忤身。睡夢之間。多有驚怖。如是人等。聞地藏名。見地藏形。至心恭敬。念滿萬遍。是諸不如意事。漸漸消滅。即得安樂。衣食豐溢。乃至於睡夢中悉皆安樂。復次觀世音菩薩。若未來世。有善男子善女人。或因治生。或因公私。或因生死。或因急事。入山林中。過渡河海。乃及大水。或經險道。是人先當念地藏菩薩名萬遍。所過土地。鬼神衛護。行住坐臥。永保安樂。乃至逢於虎狼師子。一切毒害。不能損之。佛告觀世音菩薩。是地藏菩薩。於閻浮提有大因緣。若說於諸眾生見聞利益等事。百千劫中。說不能盡。是故觀世音。汝以神力流布是經。令娑婆世界眾生。百千萬劫永受安樂。爾時世尊而說偈言。

吾觀地藏威神力。恆河沙劫說難盡。
見聞瞻禮一念間。利益人天無量事。
若男若女若龍神。報盡應當墮惡道。
至心歸依大士身。壽命轉增除罪障。
少失父母恩愛者。未知魂神在何趣。
兄弟姊妹及諸親。生長以來皆不識。
或塑或畫大士身。悲戀瞻禮不暫捨。
三七日中念其名。菩薩當現無邊體。
示其眷屬所生界。縱墮惡趣尋出離。
若能不退是初心。即獲摩頂受聖記。
欲修無上菩提者。乃至出離三界苦。
是人既發大悲心。先當瞻禮大士像。

一切諸願速成就。永無業障能遮止。
有人發心念經典。欲度群迷超彼岸。
雖立是願不思議。旋讀旋忘多廢失。
斯人有業障惑故。於大乘經不能記。
供養地藏以香華。衣服飲食諸玩具。
以淨水安大士前。一日一夜求服之。
發殷重心慎五辛。酒肉邪淫及妄語。
三七日內勿殺害。至心思念大士名。
即於夢中見無邊。覺來便得利根耳。
應是經教歷耳聞。千萬生中永不忘。
以是大士不思議。能使斯人獲此慧。
貧窮眾生及疾病。家宅凶衰眷屬離。
睡夢之中悉不安。求者乖違無稱遂。
至心瞻禮地藏像。一切惡事皆消滅。
至於夢中盡得安。衣食豐饒神鬼護。

欲入山林及渡海。毒惡禽獸及惡人。
惡神惡鬼并惡風。一切諸難諸苦惱。
但當瞻禮及供養。地藏菩薩大士像。
如是山林大海中。應是諸惡皆消滅。
觀音至心聽吾說。地藏無盡不思議。
百千萬劫說不周。廣宣大士如是力。
地藏名字人若聞。乃至見像瞻禮者。
香華衣服飲食奉。供養百千受妙樂。
若能以此迴法界。畢竟成佛超生死。
是故觀音汝當知。普告恆沙諸國土。

囑累人天品第十三

爾時世尊舉金色臂。又摩地藏菩薩摩訶薩頂。而作是言。地藏地藏。汝之神力不可思議。汝之慈悲不可思議。汝之智慧不可思議。汝之辯才不可思議。

正使十方諸佛讚歎宣說汝之不思議事。千萬劫中不能得盡。地藏地藏。記吾今日在忉利天中。於百千萬億不可說不可說一切諸佛菩薩。天龍八部。大會之中。再以人天諸眾生等。未出三界。在火宅中者。付囑於汝。無令是諸眾生。墮惡趣中。一日一夜。何況更落五無間及阿鼻地獄。動經千萬億劫。無有出期。地藏。是南閻浮提眾生。志性無定。習惡者多。縱發善心。須臾即退。若遇惡緣。念念增長。以是之故。吾分是形。百千億化度。隨其根性而度脫之。地藏。吾今殷勤。以天人眾。付囑於汝。未來之世。若有天人。及善男子善女人。於佛法中。種少善根。一毛一塵。一沙一渧。汝以道力。擁護是人。漸修無上。勿令退失。復次地藏。未來世中。若天若人。隨業報應。落在惡趣。臨墮趣中。或至門首。是諸眾生。若能念得一佛名。一菩薩名。一句一偈。大乘經典。是諸眾生。汝以神力。方便救拔。於是人所。現無邊身。為碎地獄。遣令生天。受勝妙樂。爾時世尊。而說偈言。

現在未來天人眾。吾今殷勤付囑汝。
以大神通方便度。勿令墮在諸惡趣。

爾時地藏菩薩摩訶薩胡跪合掌白佛言。世尊。唯願世尊不以為慮。未來世中。若有善男子善女人。於佛法中。一念恭敬。我亦百千方便。度脫是人。於生死中。速得解脫。何況聞諸善事。念念修行。自然於無上道永不退轉。說是語時。會中有一菩薩。名虛空藏。白佛言。世尊。我自至忉利。聞於如來讚歎地藏菩薩。威神勢力。不可思議。未來世中。若有善男子善女人。乃及一切天龍。聞此經典及地藏名字。或瞻禮形像。得幾種福利。唯願世尊。為未來現在一切眾等。略而說之。佛告虛空藏菩薩。諦聽諦聽。吾當為汝分別說之。若未來世。有善男子善女人。見地藏形像。及聞此經。乃至讀誦。香華飲食。衣服珍寶。布施供養。讚歎瞻禮。得二十八種利益。一者。天龍護念。二者。善果日增。三者。集聖上因。四者。菩提不退。五者。衣食豐足。六者。疾疫不臨。七者。離水火災。八者。無盜賊厄。九者。人見欽敬。十者。神鬼助持。十一者。女轉男身。十二者。為王臣女。十三者。端正相好。十四者。多生天上。十五者。或為帝王。十六者。宿智命通。十七者。有求皆從。十八者。眷屬歡樂。十九者。諸橫銷滅。二十者。業道永除。二十一者。去處盡通。二十二者。夜夢安樂。二十三者。先亡離苦。二十四者。宿福受生。二十五者。諸聖讚歎。二十六者。聰明利根。二十七者。饒慈愍心。二十八者。畢竟成佛。復次。虛空藏菩薩。若現在未來。天龍鬼神。聞地藏名。禮地藏形。或聞地藏本願事行。讚歎瞻禮。得七種利益。一者。速超聖地。二者。惡業銷滅。三者。諸佛護臨。四者。菩提不退。五者。增長本力。六者。宿命皆通。七者。畢竟成佛。爾時十方一切諸來。不可說不可說諸佛如來。及大菩薩天龍八部。聞釋迦牟尼佛。稱揚讚歎地藏菩薩。大威神力。不可思議。歎未曾有。是時忉利天。雨無量香華。天衣珠瓔。供養釋迦牟尼佛。及地藏菩薩已。一切眾會。俱復瞻禮。合掌而退。

（《大正藏》第十三冊七七七頁下至七九〇頁上）

附錄三

〈普賢菩薩行願讚〉

唐．不空三藏譯

所有十方世界中，一切三世人師子，
我今禮彼盡無餘，皆以清淨身口意。
身如剎土微塵數，一切如來我悉禮，
皆以心意對諸佛，以此普賢行願力。
於一塵端如塵佛，諸佛佛子坐其中，
如是法界盡無餘，我信諸佛悉充滿。
於彼無盡功德海，以諸音聲功德海，
闡揚如來功德時，我常讚歎諸善逝。
以勝花鬘及塗香，及以伎樂勝傘蓋，
一切嚴具皆殊勝，我悉供養諸如來。

以勝衣服及諸香，末香積聚如須彌，
殊勝燈明及燒香，我悉供養諸如來。
所有無上廣大供，我悉勝解諸如來，
以普賢行勝解力，我禮供養諸如來。
我曾所作衆罪業，皆由貪欲瞋恚癡，
由身口意亦如是，我皆陳說於一切。
所有十方群生福，有學無學辟支佛，
及諸佛子諸如來，我皆隨喜咸一切。
所有十方世間燈，以證菩提得無染，
我今勸請諸世尊，轉於無上妙法輪。
所有欲現涅槃者，我皆於彼合掌請，
唯願久住剎塵劫，為諸群生利安樂。
禮拜供養及陳罪，隨喜功德及勸請，
我所積集諸功德，悉皆迴向於菩提。
於諸如來我修學，圓滿普賢行願時，

願我供養過去佛，所有現住十方世；
所有未來速願成，意願圓滿證菩提，
所有十方諸剎土，願皆廣大咸清淨。
諸佛咸詣覺樹王，諸佛子等皆充滿，
所有十方諸眾生，願皆安樂無眾患。
一切群生獲法利，願得隨順如意心。
我當菩提修行時，於諸趣中憶宿命。
若諸生中為生滅，我皆常當為出家；
戒行無垢恆清淨，常行無缺無孔隙。
天語龍語夜叉語，鳩槃茶語及人語，
所有一切群生語，皆以諸音而說法。
妙波羅蜜常加行，不於菩提心生迷，
所有眾罪及障礙，悉皆滅盡無有餘。
於業煩惱及魔境，世間道中得解脫；
猶如蓮花不著水，亦如日月不著空。

諸惡趣苦願寂靜，一切群生令安樂；
於諸群生行利益，乃至十方諸剎土。
常行隨順諸眾生，菩提妙行令圓滿。
普賢行願我修習，我於未來劫修行。
所有共我同行者，共彼常得咸聚會；
於身口業及意業，同一行願而修習。
所有善友益我者，為我示現普賢行；
共彼常得而聚會，於彼皆得無厭心。
常得面見諸如來，與諸佛子共圍遶，
於彼皆興廣供養，皆於未來劫無倦。
常持諸佛微妙法，皆令光顯菩提行；
咸皆清淨普賢行，皆於未來劫修行。
於諸有中流轉時，福德智慧得無盡；
般若方便定解脫，獲得無盡功德藏。
如一塵端如塵剎，彼中佛剎不思議；

佛及佛子坐其中，常見菩提勝妙行。
如是無量一切方，於一毛端三世量；
佛海及與剎土海，我入修行諸劫海。
於一音聲功德海，一切如來清淨聲；
一切群生意樂音，常皆得入佛辯才。
於彼無盡音聲中，一切三世諸如來；
當轉理趣妙輪時，以我慧力普能入。
以一剎那諸未來，我入未來一切劫；
三世所有無量劫，剎那能入俱胝劫。
所有三世人師子，以一剎那我咸見；
於彼境界常得入，如幻解脫行威力。
所有三世妙嚴剎，能現出生一塵端，
如是無盡諸方所，能入諸佛嚴剎土。
所有未來世間燈，彼皆覺悟轉法輪；
示現涅槃究竟寂，我皆往詣於世尊。

以神足力普迅疾，以乘威力普遍門，
以行威力等功德，以慈威力普遍行，
以福威力普端嚴，以智威力無著行，
般若方便等持力，菩提威力皆積集。
皆於業力而清淨，我今摧滅煩惱力，
悉能降伏魔羅力，圓滿普賢一切力。
普令清淨剎土海，普能解脫眾生海，
悉能觀察諸法海，及以得源於智海，
普令行海咸清淨，又令願海咸圓滿，
諸佛海會咸供養。普賢行劫無疲倦，
所有三世諸如來，菩提行願眾差別，
願我圓滿悉無餘，以普賢行悟菩提。
諸佛如來有長子，彼名號曰普賢尊；
皆以彼慧同妙行，迴向一切諸善根。
身口意業願清淨，諸行清淨剎土淨，

如彼智慧普賢名，願我於今盡同彼。
普賢行願普端嚴，我行曼殊室利行，
於諸未來劫無倦，一切圓滿作無餘。
所須勝行無能量，所有功德不可量，
無量修行而住已，盡知一切彼神通。
乃至虛空得究竟，眾生無餘究竟然，
及業煩惱乃至盡，乃至我願亦皆盡。
若有十方無邊剎，以寶莊嚴施諸佛，
天妙人民勝安樂，如剎微塵劫捨施。
若人於此勝願王，一聞能生勝解心，
於勝菩提求渴仰，獲得殊勝前福聚。
彼得遠離諸惡趣，彼皆遠離諸惡友，
速疾得見無量壽，唯憶普賢勝行願。
得大利益勝壽命，善來為此人生命，
如彼普賢大菩薩，彼人不久當獲得。

所作罪業五無間，由無智慧而所作，
彼誦普賢行願時，速疾銷滅得無餘。
智慧容色及相好，族姓品類得成就；
於魔外道得難摧，常於三界得供養。
速疾往詣菩提樹，到彼坐已利有情；
覺悟菩提轉法輪，摧伏魔羅并營從。
若有持此普賢願，讀誦受持及演說；
如來具知得果報，得勝菩提勿生疑。
如妙吉祥勇猛智，亦如普賢如是智，
我當習學於彼時，一切善根悉迴向；
一切三世諸如來，以此迴向殊勝願，
我皆一切諸善根，悉已迴向普賢行。
當於臨終捨壽時，一切業障皆得轉，
親覩得見無量光，速往彼剎極樂界。
得到於彼此勝願，悉皆現前得具足，

我當圓滿皆無餘，眾生利益於世間。
於彼佛會甚端嚴，生於殊勝蓮花中；
於彼獲得受記莂，親對無量光如來。
於彼獲得受記已，變化俱胝無量種，
廣作有情諸利樂，十方世界以慧力。
若人誦持普賢願，所有善根而積集；
以一刹那得如願，以此群生獲勝願。
我獲得此普賢行，殊勝無量福德聚；
所有群生溺惡習，皆往無量光佛宮。

（《大正藏》第十冊八八〇頁上至八八一頁中）

國家圖書館出版品預行編目資料

菩薩行願：觀音、地藏、普賢菩薩法門講記 / 聖嚴法師著. -- 二版. -- 臺北市：法鼓文化，2020.08
面； 公分
ISBN 978-957-598-856-2（平裝）

1. 佛教修持

225.7　　109008367

現代經典 13

菩薩行願——觀音、地藏、普賢菩薩法門講記

Bodhisattva Deeds and Vows: Commentary on the Practices of Bodhisattvas Avalokitesvara, Ksitigarbha, and Samantabhadra

著者　聖嚴法師
出版　法鼓文化
總審訂　釋果毅
總監　釋果賢
總編輯　陳重光
編輯　李金瑛、李書儀
封面設計　謝佳穎
內頁美編　小工
地址　臺北市北投區公館路一八六號五樓
電話　(02)2893-4646
傳真　(02)2896-0731
網址　http://www.ddc.com.tw
E-mail　market@ddc.com.tw
讀者服務專線　(02)2896-1600
初版一刷　二〇一一年五月
二版三刷　二〇二四年二月
建議售價　新臺幣二六〇元
郵撥帳號　50013371
戶名　財團法人法鼓山文教基金會—法鼓文化
北美經銷處　紐約東初禪寺
Chan Meditation Center (New York, USA)
Tel: (718) 592-6593　E-mail: chancenter@gmail.com